中华精神家园

古迹奇观

古桥天姿

千姿百态的古桥艺术

肖东发 主编 齐志斌 编著

中国出版集团

现代出版社

图书在版编目（CIP）数据

古桥天姿：千姿百态的古桥艺术 / 齐志斌编著. —
北京：现代出版社，2014.5（2019.1重印）
ISBN 978-7-5143-2336-8

Ⅰ．①古… Ⅱ．①齐… Ⅲ．①古建筑－桥－介绍－中
国 Ⅳ．①K928.78

中国版本图书馆CIP数据核字(2014)第057117号

古桥天姿：千姿百态的古桥艺术

主　　编：	肖东发
作　　者：	齐志斌
责任编辑：	王敬一
出版发行：	现代出版社
通信地址：	北京市定安门外安华里504号
邮政编码：	100011
电　　话：	010-64267325 64245264（传真）
网　　址：	www.1980xd.com
电子邮箱：	xiandai@cnpitc.com.cn
印　　刷：	三河市华晨印务有限公司
开　　本：	710mm×1000mm　1/16
印　　张：	9.75
版　　次：	2015年4月第1版　2021年3月第4次印刷
书　　号：	ISBN 978-7-5143-2336-8
定　　价：	29.80元

党的十八大报告指出："文化是民族的血脉，是人民的精神家园。全面建成小康社会，实现中华民族伟大复兴，必须推动社会主义文化大发展大繁荣，兴起社会主义文化建设新高潮，提高国家文化软实力，发挥文化引领风尚、教育人民、服务社会、推动发展的作用。"

我国经过改革开放的历程，推进了民族振兴、国家富强、人民幸福的中国梦，推进了伟大复兴的历史进程。文化是立国之根，实现中国梦也是我国文化实现伟大复兴的过程，并最终体现为文化的发展繁荣。习近平指出，博大精深的中国优秀传统文化是我们在世界文化激荡中站稳脚跟的根基。中华文化源远流长，积淀着中华民族最深层的精神追求，代表着中华民族独特的精神标识，为中华民族生生不息、发展壮大提供了丰厚滋养。我们要认识中华文化的独特创造、价值理念、鲜明特色，增强文化自信和价值自信。

如今，我们正处在改革开放攻坚和经济发展的转型时期，面对世界各国形形色色的文化现象，面对各种眼花缭乱的现代传媒，我们要坚持文化自信，古为今用、洋为中用、推陈出新，有鉴别地加以对待，有扬弃地予以继承，传承和升华中华优秀传统文化，发展中国特色社会主义文化，增强国家文化软实力。

浩浩历史长河，熊熊文明薪火，中华文化源远流长，滚滚黄河、滔滔长江，是最直接的源头，这两大文化浪涛经过千百年冲刷洗礼和不断交流、融合以及沉淀，最终形成了求同存异、兼收并蓄的辉煌灿烂的中华文明，也是世界上唯一绵延不绝而从没中断的古老文化，并始终充满了生机与活力。

中华文化曾是东方文化摇篮，也是推动世界文明不断前行的动力之一。早在500年前，中华文化的四大发明催生了欧洲文艺复兴运动和地理大发现。中国四大发明先后传到西方，对于促进西方工业社会的形成和发展，曾起到了重要作用。

中华文化的力量，已经深深熔铸到我们的生命力、创造力和凝聚力中，是我们民族的基因。中华民族的精神，也已深深植根于绵延数千年的优秀文化传统之中，是我们的精神家园。

总之，中华文化博大精深，是中国各族人民五千年来创造、传承下来的物质文明和精神文明的总和，其内容包罗万象，浩若星汉，具有很强的文化纵深，蕴含丰富宝藏。我们要实现中华文化伟大复兴，首先要站在传统文化前沿，薪火相传，一脉相承，弘扬和发展五千年来优秀的、光明的、先进的、科学的、文明的和自豪的文化现象，融合古今中外一切文化精华，构建具有中国特色的现代民族文化，向世界和未来展示中华民族的文化力量、文化价值、文化形态与文化风采。

为此，在有关专家指导下，我们收集整理了大量古今资料和最新研究成果，特别编撰了本套大型书系。主要包括独具特色的语言文字、浩如烟海的文化典籍、名扬世界的科技工艺、异彩纷呈的文学艺术、充满智慧的中国哲学、完备而深刻的伦理道德、古风古韵的建筑遗存、深具内涵的自然名胜、悠久传承的历史文明，还有各具特色又相互交融的地域文化和民族文化等，充分显示了中华民族的厚重文化底蕴和强大民族凝聚力，具有极强的系统性、广博性和规模性。

本套书系的特点是全景展现，纵横捭阖，内容采取讲故事的方式进行叙述，语言通俗，明白晓畅，图文并茂，形象直观，古风古韵，格调高雅，具有很强的可读性、欣赏性、知识性和延伸性，能够让广大读者全面接触和感受中国文化的丰富内涵，增强中华儿女民族自尊心和文化自豪感，并能很好继承和弘扬中国文化，创造未来中国特色的先进民族文化。

2014年4月18日

侗乡之宝——风雨桥

风雨桥的花龙传说 002

三楚第一桥龙津风雨桥 007

贵州从江的侗寨风雨桥 011

广西三江的程阳风雨桥 020

侗乡文化与风雨桥美誉 025

情人之桥——断 桥

030 神仙助段家夫妇修桥

033 西湖断桥的历代美誉

最美廊桥——彩虹桥

二胡合力共筹建彩虹桥 038

婺源彩虹桥的构建之美 043

最大石梁桥——江东桥

050 神虎负子渡江助建桥

054 江东桥的建造奇迹

最早立交桥——八字桥

八仙助杨老人修桥 060

浙江绍兴的八字桥 064

江苏兴化的八字桥 069

扬州城徽——五亭桥

074 美好姻缘促成桥的修建

079 "中国月亮城"的美誉

最古跨江桥——铁索桥

098 铁索桥的建造传奇

104 贵州关岭花江铁索桥

独特之美——十七孔桥

120 鲁班助建十七孔桥

125 颐和园的十七孔桥

130 双龙桥的修建传说

135 云南建水的十七孔桥

石雕宝库——五音桥

鲁班助奚何建五音桥　084

文人骚客称赞构建之美　089

长虹卧波——玉带桥

双祝河东坡造桥记　108

江西信丰的玉带桥　111

颐和园中的玉带桥　116

著名夫妻桥——安澜桥

动人的修建传说　140

悠久的历史与美誉　144

风雨桥

风雨桥又称"花桥"，流行于湖南、湖北、贵州、广西等地。从汉代末年和隋唐时期，侗乡地区就有风雨桥出现。但有文字记录的最早的风雨桥，是建于1777年。

风雨桥的桥梁由巨大的石礅、木结构的桥身、长廊和亭阁组合而成。风雨桥除石礅外，全部为木结构，用卯榫嵌合。塔、亭建在桥墩上，檐角飞翘，顶有宝葫芦等装饰，被称为"世界十大最不可思议桥梁之一"。

因为使得过往行人可以躲避风雨而取名"风雨桥"。风雨桥是侗乡建筑"三宝"之一，是侗乡人民引以为豪的又一民族建筑物。

风雨桥的花龙传说

■ 侗寨风雨桥

在那古老的时候，侗乡人居住的地方还没有平原大寨，侗乡人大多住在半山坡上，一个小山寨，只有十几户人家。有个小山寨里有个小后生，名字叫布卡，他娶了一个妻子，名叫培冠。

夫妻两人十分恩爱，几乎形影不离。每次两人干活回来，不是一个挑柴，一个担草，就是一个扛锄，一个牵牛，总是前后相随。妻子培冠长得十分美丽，夫妻两人过桥时，连河里的鱼儿也

■ 侗乡风雨桥

羡慕得跃出水面来偷看他们。

有一天早晨，下大雨了，河水突然猛往上涨。布卡夫妇急着去西山干活，也顾不得这个了，同往寨前大河湾的小木桥走去。正当他们走到桥中心，忽然一阵风卷着大雨刮来，刮得卡布睁不开眼，妻子"哎呀"一声跌进水里。

卡布睁开眼，却不见了妻子的踪影，他知道一定是刚才让风给刮进河里去了，于是就一头栽入水里，潜到了河底。可是卡布在河里来回寻找了好几次，却不见妻子的影子。

乡亲们知道了，也纷纷跑来帮卡布寻找培冠，找了半天，还是找不到他的妻子。这下人们便觉得不对劲，一定是有妖怪在这里作怪了。

这究竟是怎么回事呢？

村里人四处打听，后来知道了原来在河湾深处有

侗乡 贵州黔东南是我国最大的侗族聚居地，是侗族文化发祥地，也是侗族文化原生态保留地。侗族文化原生古朴。侗族大歌蜚声中外，被誉为"清泉般闪光的音乐""隐藏着的文明"。

■ 侗乡风雨桥

龙 我国古代的
神话与传说中，
龙是一种善变化
能兴云雨利万物
的神异动物，为
鳞虫之长。封建
时代，龙是帝王
的象征，也用来
指至高的权力和
帝王的东西：龙
种、龙颜、龙
廷、龙袍、龙宫
等。龙与凤凰、
麒麟、龟一起并
称"四瑞兽"。

一只螃蟹精，把培冠卷进河底的岩洞里去了。然后螃蟹精一下子变成了一个俊俏的后生，要培冠做他的老婆，培冠不依，还打了它一巴掌，它马上露出凶相来威逼培冠。

培冠大哭大骂，哭骂声在水底一阵阵传到河上游的一条花龙耳朵里。

花龙马上来到这里，想要施法救人。这时突然风雨交加，浪涛滚滚，只见浪里一条花龙，昂首东张西望。龙头向左望，浪往左打，左边山崩；龙头往右看，浪往右冲，右边岸裂。小木桥也早已被波涛卷走了，冲得无踪无影。

人们都感到心惊胆战！可是花龙来到布卡所在的沙滩边时，龙头连点几下之后浪涛就平静了。随后，花龙在水面打了一个圈，向河底冲去。

顿时，河底"咕噜咕噜"的响声不断传来，大漩涡一个接一个地飞转不停。

接着，从水里冒出来了一股黑烟，升到半空变作一团乌云，那花龙也紧追冲上半空，翻腾着身子，把黑云压了下来，终于压得它现出原形。原来这团黑云正是那只黑螃蟹精所变，现形的螃蟹精足有鼓楼顶那么大。

黑螃蟹慌慌张张想要逃跑，刚爬上崖壁十米多高，花龙到水里翻个跟头，龙尾一摆，又把黑螃蟹横扫下水来。这样连着几次，把螃蟹弄得筋疲力尽，摇摇晃晃爬向竹林，想借竹林挡住花龙。

可是花龙一跃腾空，张口喷水，喷得竹林一片片倒塌下去，黑螃蟹又跌进河中。

花龙紧紧追进水底后，浪涛翻腾着便顺河而下，这时再也看不见黑螃蟹露面了。后来，在离河湾不远露出一块螃蟹形状的黑色大石头，就是花龙把螃蟹精镇住的地方。这块大石头，后人称为"螃蟹石"。

等到河水平静了之后，听到对面河滩上有个女人的叫喊声音……

■三江程阳八寨

芦笙 为西南地区苗、瑶、侗等民族的簧管乐器。芦笙，是少数民族特别喜爱的一种古老乐器之一，逢年过节，他们都要举行各式各样、丰富多彩的芦笙会，吹起芦笙跳起舞，庆祝自己的民族节日。

多耶 是侗语音译，"耶"是从一种侗族民歌中带有耶的衬词而得名，"多"是侗语，是唱的意思，"多耶"为"踏歌而舞"之意，它是侗族的传统民歌形式之一，也是侗族大型集体舞。

布卡定睛一看，那女人不是别人，正是自己的妻子培冠，布卡叫了几声培冠的名字，就游过去救她。

当布卡上岸之后，培冠对布卡说："多亏了花龙搭救啊！"大家才知道是花龙救了她，都感激花龙。这时花龙往上游飞去了，还不时回身向人们频频点头。

这件事一传十，十传百，很快传遍了整个侗乡。侗乡人便把靠近水面的小木桥，改建成了空中长廊式的大木桥，不光在大木桥上建了亭子，还在大桥的四条中柱上刻上花龙的图案，以祝愿花龙长驻人间。

空中长廊式大木桥建成后，举行庆贺典礼时，奏芦笙，唱多耶歌，人山人海，非常热闹。这时，天空彩云飘来，形如长龙，霞光万丈；众人细看，正是花龙回来看望大家！因此后人称这种桥为"回龙桥"。

关于回龙桥，有的地方也叫"花桥"，后来人们为了统一名称，也因为桥上能避风躲雨，所以最后人们称它为"风雨桥"。

阅读链接

关于风雨桥的得名，还有一个有趣的传说。

相传有一天，一对恋人正在河边谈情说爱，突然来了阵大雨，把他们淋了个落汤鸡，情形非常狼狈，姑娘不高兴，走了。

相传这个小伙子就是鲁班的传人，看到姑娘离开后，他心里恨老天不肯作美。但这位小伙子懊恼之余，想到如果建一座桥，就可以在桥上跟恋人说悄悄话，还可以方便路人休息。

想到做到。就这样，这位鲁班传人真的在约会的地方建起了一座既可以通行又可以躲避风雨的桥，这便有了风雨桥。

三楚第一桥龙津风雨桥

　　溪河上修建风雨桥是湖南省侗乡区别于其他民族的一个显著特征。芷江滔滔河水，终年不断。河上两岸以船为渡，常常使两岸百姓及商旅行人葬身鱼腹。

侗乡第一鼓楼

都司 古代官署名，明代地方军事领导机构。明太祖朱元璋为强化封建专制主义中央集权，地方上，改行中书省为承宣布政使司，废除行省制度，改由承宣布政使司、提刑按察使司、都指挥使司分掌一省行政、司法、军事，并称"三司"。

最早在1482年，有人在此处用船相连，搭起一座浮桥，洪水一来，桥就被冲没了。

1591年，沅州城有个叫宽云的和尚，四方奔走募捐，共募集建桥资金15000两白银、粮食11万石，合660吨，并在芷江修建了风雨桥，因桥墩与流水形如龙口喷津，故名"龙津风雨桥"。

自此河中耸起16个石头桥墩，这些桥墩上的石头，当年是用鸡蛋、石灰、桐油相粘连在一起的，十分坚固。墩上架木板。至1602年，突然暴发一场山洪，将龙津风雨桥冲毁。

1633年，驻沅州的云南都司金书阮呈麟带头捐款，发动民间与百姓集资，决心要重新修复龙津风雨桥。

而在此时修复后的龙津风雨桥桥墩高15.3米，桥中修有八角亭，楼高三层，桥上修建了亭台楼阁，并以木花栏杆相护。

龙津风雨桥上行人车辆可从桥中间通过，桥的两侧还设置长条木凳供人歇息。桥顶都用青瓦覆盖，东

■ 贵州侗族鼓楼

■ 芷江龙津风雨桥
内部结构

西两桥头均建着很有气势的牌楼坊。桥上两边建起了两面走水的重檐瓦屋70间，供百姓进行经商贸易。

1777年，突如其来的一把大火又将龙津风雨桥化为灰烬。此后，复修、水毁、火烧、征战，使这座风雨桥屡建屡毁。

后来修复一新的芷江龙津风雨桥，是一座集贸易、观光于一体的我国最大的侗乡文化风雨桥，它是历史古迹和建筑艺术的完美融合，成为华夏大地一道不可多得的人文景观。

自古以来龙津风雨桥一直是湘黔交通要塞，也是商贾游客往来云集最繁华的地方，史称"三楚西南第一桥"。

龙津风雨桥位于湖南芷江，桥全长146.7米，宽12.2米，为当今世界第一大风雨桥。人行道宽5.8米，隔间建有7处凉亭，亭最高17.99米，抚扶木栏，登上观赏亭，舞水两岸风光尽收眼底。

龙津风雨桥的四周明山叠翠，潕水拖蓝，犹如一

重檐 在基本型屋顶重叠下檐而形成。其作用是扩大屋顶和屋身体重，增添屋顶的高度和层次，增强屋顶的雄伟感和庄严感，调节屋顶和屋身的比例。重檐主要用于高级的庑殿、歇山和追求高耸效果的攒尖顶，形成重檐庑殿、重檐歇山和重檐攒尖三大类别。

■侗族风雨桥

幅流动的山水画卷，令人神往，浮想联翩。河西巨大的古建筑群，就是全国内陆最大的妈祖庙天后宫。

河东是我国侗乡最大的吊脚楼群，把芷江侗乡披上一层浓厚的神话色彩。整个风雨桥为全木质架构，无一钉一铆，气势宏大，如一条长龙横贯东西两岸。

深蓝色的琉璃瓦、六组金黄色的双龙抢宝和兽头，白色的檐口、脊等，隐含着当代园林风格。悬柱、悬瓜、柱角、石鼓则体现了侗乡木建筑艺术。

楼阁观赏厅、亭、廊、柱枋、店面门牌等对联、条幅系名家书法精品，由名匠雕刻制成，展现了名人书法和木刻艺术风采。

阅读链接

地坪风雨桥位于贵州地坪，横跨在美丽的南江河上，桥身长70米，宽4米，距水面高8米。桥上建有三座桥楼，中楼高约5米，是一座五重檐四角攒尖顶的鼓楼，顶上安装有葫芦宝顶，桥两端是三重檐歇山顶高约3米的鼓楼。

风雨亭中常有一位老人，他一年四季从早到晚，在这里沏上茶水，供来往行人饮用。桥的柱头上挂着一捆捆由热心的侗乡妇女扎制的草鞋，为行人提供方便。

隆冬季节，寨里的人还轮流挑柴来生火，供行人歇息时取暖。这些暖人的情意，显示了侗乡人民乐于助人，热情待客的美德。

贵州从江的侗寨风雨桥

　　在贵州省从江乡间分布有风雨桥67座，这些桥主要分布在纵横交错的溪河上，桥长30米至100米，宽三四米不等。从江侗寨风雨桥不但成为一道美丽风景，更是汇聚了侗乡人民的智慧，闪烁着耀眼的光芒。

　　江流风雨桥又叫"回龙桥"，很久以前，弯弯的渠水河两岸有两

■ 从江风雨桥

■ 贵州风雨桥

个寨子，河东是侗寨，河西是瑶寨。

　　侗寨里有一位美丽的姑娘叫培姣，她上山挖蕨菜，走过的地方，花儿都开得最鲜艳；她下河去洗蓝靛，河里的鱼都向她游来；她站在槐树底下唱歌，连最会唱歌的"画眉鸟"也停止了歌唱，站在槐树上听得入迷了。

　　寨子里的很多后生都想娶她，可她一个也不答应。阿妈悄悄地问她："阿姣，你打算什么时候吃喜酒呢？"

　　她低着头回答："阿姣日子长着哩！"说罢，提起竹篮子到河边洗布，一边唱起歌来了。

　　　　独岩山高，也没有隔断鸟儿的自由来往，
　　　　渠河水急，也没有冲散鱼儿的成对成双……

　　歌声刚起，河对岸一个后生挑着桶出了竹楼，往河边走来。

　　这个后生叫阿高，他是瑶寨里最英俊的后生，从小跟着阿爸打猎，练得一身好箭法，瑶家姑娘大都想把自己的花带献给他，可他一根也不接受。后来，姑娘们看得出来，他早已爱上了对岸的那个侗族姑娘。

阿姣和阿高从小就在渠河边交上了朋友。阿高经常把小鸟，鲜花绑在箭头上射到对岸去，培姣挥着手中的侗锦向他微笑。

随着年龄的增长，他俩的情谊越来越浓了。阿高一听见培姣的歌声，不管水桶里有没有水，就挑着水桶往河边跑，培姣一听见阿高的木叶歌，也就随手捡起一块布片往竹篮里一放，提着竹篮往河边走。

有一次，他们又在河边相会了。阿高把一根根项圈捆在箭头上射过来，培姣急忙捡起放进了竹篮。她也掏出一幅彩色侗锦包着一块石头，用力投过河去。

力气不够，侗锦落在河心，阿高急忙跳下河去拿。他刚游到岸边，被头人看到了，头人一把夺去侗

■ 侗寨风雨桥

竹楼 是傣家的标志民居。主要指两层或以上的竹结构楼房，属于南方"干阑式建筑"的一种，根据用途及造型差异，可分为宾馆楼、餐酒茶楼、观景楼及景致楼等，非常适用于旅游景区的观赏，住宿，餐饮等用途，绿色环保，贴近自然。

木叶 我国古代许多民族流行的一种乐器，一种古老的民间艺术。在中南、西南清澈的江河两岸，在云贵高原的山间小路上，经常可以听到一阵阵高亢、悠扬的乐声，它是利用一种特殊的树叶，通过各种吹奏技巧而发出的清脆、明亮的乐音。

锦，丢进了河里，骂道："你不要祖宗啦？为什么要仇家的东西？"

从那以后，培姣有几天没见到阿高了。她心里也想念。今天，阿妈问她吃喜酒的事，她又想起了那天的情景，心里很难受，这时她见到了阿高，那高兴的样子，就像吃了滚烫的油茶。

培姣又取出一幅彩色侗锦，朝对岸扬了扬，又准备丢过去，只听得背后"嘿嘿"一声冷笑，她回头一望，见是寨佬的儿子勐洞，便急忙把侗锦藏进怀里，低下头去洗她的布。

勐洞左手提着一只鸟笼，右手拿着一根细竹竿，他用竹竿戳培姣的帕子，不阴不阳地说："好哇，你想飞过去？你不晓得瑶家佬是我们的仇人？哼，我要你进我的笼子里。"说着，又用竹竿去撩培姣的裙子。

培姣提着水淋淋的布放进篮子里，拔腿就跑，甩

■ 贵州风雨桥

■ 侗寨风雨桥

动的竹篮溅了勐洞一脸的水。

阿高隔河望着，又气又恨，跑回家里，取来弓箭"嗖"地一箭射了过去。

阿高的箭不偏不歪，射中了勐洞笼里的画眉，吓得勐洞丢下笼子慌忙逃走了。

晚上，阿高坐在河边，望着培姣的窗口，他吹响了木叶歌，轻柔的夜风把这多情木叶歌声送过了河，送到了正在织侗锦的培姣耳畔。培姣停下手中的木梭，悄悄地走了出来，坐在洗衣岩上望着漆黑的河面，她多么想飞过去，飞到阿高身边。

培姣拾起一颗石子投进河里，阿高听到水声，高兴极了，悄悄地游了过去。

一对情人在夜幕的掩护下，诉说着深深的相思。流不完的渠河水，说不完的贴心话，往日嫌夜长，今晚恨夜短，不知不觉鸡又叫了第三遍，培姣告诉

木梭 梭是用来装纬线的，是载着纬线在交错的经线中穿梭，织成布匹。制作梭的原料采用多年的枣木，两头弄成鱼头桩，把中间掏空，再把两头用金属镶好，掏空的部分用来装纬线在底部打一小眼，纬线在眼内穿出的一种民间工具。

弓箭 古代以弓发射的具有锋刃的一种远射兵器。弓由弹性的弓臂和有韧性的弓弦构成；箭包括箭头、箭杆和箭羽。箭头为铜或铁制，杆为竹或木质，羽为雕或鹰的羽毛。是我国古代军队使用重要武器之一。

阿高，勐洞今晚又来求亲了，她担心勐洞下毒手来抢她。

培姣和阿高决定第二天一起逃出寨子到渠水河的上游独岩山脚相会。商量定了，阿高又悄悄地游了回去。

天亮了，阿高用竹筒灌了一筒糯米，又用笋叶包了一块腌鱼，一把腌蕨菜，带上了弓箭。正要出门，突然对河传来了培姣的呼喊"阿高……阿高……阿高！"

阿高跳出门，飞一般地跑到河边，往对岩一望，只见培姣一边喊一边往河里跑来，勐洞带着一帮人在后面追。嗬！勐洞抢亲了。阿高挽起弓，搭上箭，朝着走在最前面的一个射去，那人应声倒地。

但后面又上来一个，他接连射倒了几个，但箭已射完了，他大喊一声"培姣"便往河里冲去。

■ 侗寨风雨桥

　　勐洞见阿高的箭射完了，又喝令人去抢培姣，培姣急了就往河里跳去。

　　阿高刚刚游到培姣身边，岸上一阵乱箭射来，他俩一起沉下了河底，渠河上漂起了一股红红浪花。

　　晚上，有人看见渠水河面上腾起了两条龙，龙身拱起，化成了一座弯弯的大桥，两个龙头直立在桥中间，龙尾连着两岩的寨子，人们叫它"回龙桥"。

　　每到夜晚，回龙桥就架了起来，两岸的男女青年都到桥上相会，天亮时，人们散去，回龙桥又消逝了。两寨的头人听说后，也都到桥上去看，当他们刚刚走到桥中心，桥垮了。

　　从那以后，回龙桥就日夜地架在渠水河上了。

　　贵州侗寨流架风雨桥的传说就这样流传了下来，而真正的流架风雨桥在早年只是用杉原木架设，上铺木板，为往来行人提供方便，但后来被山洪所冲毁。最后在1826年重建，历时近16年建成。

　　重建后的流架风雨桥下部为单拱结构石拱桥，跨度8.4米，全长

土地庙 为民间供奉土地神的庙宇，多是民间自发建立的小型建筑，属于分布最广的祭祀建筑。它因神格不高，而且为基层信仰，多半造型简单，简陋者于树下或路旁，以两块石头为壁，一块为顶，即可成为土地庙。也有简单以水泥或砖块砌成小庙。

19.3米，宽3.8米。石拱桥平面为"凹"形。石拱桥上两端抬升为桥楼，中间抬升成鼓楼，上盖小青瓦的长廊式木结构风雨桥。

流架风雨桥的石拱面与中部木的桥面高低相差1.7米。流架风雨桥也是由竖柱12排，面阔11间组成。形成了一座石桥、木桥、鼓楼、房屋四者联为一体的风格独具、绝无仅有的侗寨风雨桥。

流架风雨桥桥面的过道宽2.5米，两边设置固定长凳，外侧安装木板栏杆。桥头建有石雕土地庙一座，另外，还有《回龙桥碑》石碑一通。

侗乡工匠们设计出各式各样的风雨桥，用途也不尽相同，既是水上交通设施，又是人们遮阳避雨、休息、乘凉、迎来送往的场所，同时还具有拦财富，保村寨也就是俗称保龙脉之功能。

从江县民间传统风雨桥建筑结构主要是由桥墩、桥身和桥廊三部分组成。下部是桥墩，多以大青石拌以石灰围砌，也有直接搭木架桥磴的，以料石填心，

■ 侗寨风雨桥

为减少水的冲力对石礅进行减阻处理,将桥墩设计为椭圆形或六面柱体。

风雨桥中部为桥身,以本地产大杉木为原料,采用密布式悬臂托架简支梁。桥体一般称其为加长伸臂梁,大杉木35根横架于两端及桥墩之上,上部为桥面廊亭,采用横穿直套,卯眼结合的梁柱体系联成整体,桥廊柱间设座凳栏杆,供人休息,桥面铺设木板。

▲从江沿岸侗寨

从江县境内的风雨桥从形式上有亭阁式和鼓楼式两种,其中亭阁式的风雨桥是主要的结构形式。

从江侗寨风雨桥是一处建筑,桥面上亭阁秀立,雅致玲珑,桥身全用杉木横穿直套,结构精密,不用铁钉联结,桥廊里设有长凳,不仅便利行旅,还是侗家人欢唱歌舞、吹笙弹琴、娱宾迎客的游乐场所。

阅读链接

往洞风雨桥位于贵州省往洞乡往洞村寨脚。往洞风雨桥是有文字记录以来最早的风雨桥。

往洞风雨桥建于1777年。

这是一座两跨木梁单向臂梁桥,由12排11间组成,长35.5米,宽2.9米,桥面高3.8米,距水面5米,为长廊重檐式风雨桥。桥廊两侧装梳齿式栏杆,栏杆内侧置坐凳。

广西三江的程阳风雨桥

　　每个侗乡的寨子必有的建筑就是鼓楼和风雨桥，建造的费用自是村民凑钱，还有外人捐赠。每座鼓楼和风雨桥的风格又有所不同。每一座桥，都在讲述它的过去与现在；每一阵流水或蝉鸣声都能让你深切地沉浸于如画的景色之中。

　　程阳风雨桥是典型的侗乡建筑，这座横跨林溪河的木石结构大

■ 三江程阳风雨桥

■ 三江程阳风雨桥

桥，是建筑的集大成者，集桥、廊、亭三者于一身，在我国建筑史上独具风韵。

程阳风雨桥位于广西壮族自治区柳州的三江，是具有侗乡韵味风雨桥中最出名的一个。

程阳风雨桥修建于1916年，河中有五个石砌大墩，桥面架杉木，铺木板。桥长64.4米，宽3.4米，高10.6米。

这座横跨林溪河的大桥，为石礅木结构楼阁式建筑，两台三墩四孔。墩台上建有五座塔式桥亭和19间桥廊，亭廊相连，浑然一体，十分雄伟壮观。

程阳风雨桥主要由木料和石料建成，桥上五个石砌的桥墩上铺设有木板。

程阳风雨桥中亭六角形攒尖顶，如同宝塔，凝重浑厚。侧亭四角攒尖顶，形如宫殿，端庄富丽。楼亭顶上都安置有葫芦宝顶，最西边的是歇山的屋面。楼

亭 是我国传统建筑，多建于路旁，供行人休息、乘凉或观景用。亭一般为开敞性结构，没有围墙，顶部可分为六角、八角、圆形等多种形状。亭子在我国园林的意境中起到很重要的作用。亭的历史十分悠久，但古代最早的亭并不是供观赏用的建筑，而是用于防御的堡垒。

五谷 古代所指
的五种谷物。
"五谷"在古代
有多种不同的说
法，最主要的有
两种：一种指
稻、黍、稷、
麦、菽；另一种
指麻、黍、稷、
麦、菽。两者的
区别是：前者有
稻无麻，后者有
麻无稻。古代经
济文化中心在黄
河流域，稻的主
要产地在南方，
而北方种稻有
限，所以五谷中
最初无稻。

■ 程阳风雨桥

阁廊檐上绘有许多精美的侗乡图案，整个桥面的廊楼建筑造型美观，风韵别致，富有民族风格。

程阳风雨桥的两旁镶着栏杆，好像一条长龙欲腾空而起。桥上建有遮雨的长廊，长廊的两旁设有长凳，供行人避雨和休息。

程阳风雨桥不仅在造型上富有民族特色，而且在结构上也颇具匠心。整座桥梁用木材凿榫相互接合，斜穿直套、纵横交错、结构复杂但建工丝毫不差，并且形式优美，雄伟壮观，是侗乡高超的建筑艺术水平的体现。

尤其是在五个桥墩上又建有五座极具侗乡风格的楼亭，亭的屋面均为四层塔式重檐，上施有青瓦白檐。桥楼亭上的壁柱、瓦檐、雕花刻画，富丽堂皇，朝脊的一端都做弯月起翘状，好似金凤欲展翅翱翔一般。

程阳风雨桥上的两旁还设有长凳供人憩息，坐在

■ 三江程阳风雨桥

凳上向远处放眼，只见林溪河蜿蜒而来，桥的两边，茶林满坡，翠木簇拥。此外，田园耕地，农夫劳作，河边水库，缓转灌溉与翠林相得益彰。

程阳风雨桥大多架设在村寨下方的溪河之上，既作为交通之用，又有宗教方面的含义。它象征飞龙绕寨，以保年年风调雨顺，五谷丰登，吉祥幸福。故人们称之为"风雨桥""永济桥""赐福桥"。

程阳风雨桥整座桥雄伟壮观，气象浑厚，仿佛一道灿烂的彩虹。

程阳风雨桥的桥亭和桥廊的建筑采用的是穿斗木结构，这种建筑是我国南方传统建筑中常用的结构形式，在山区的民族地区中使用尤其普遍。

程阳风雨桥是一座横跨林溪河的木石结构大桥，桥亭顶端和亭檐翘角都镶有装饰物，或是用若干个铁罐相衡套扣组成的串串"葫芦"，或是用桐油、石

青瓦 承袭了3000多年的建筑历史，历经形式大小和工艺的演变，以其美观、质朴、防雨保温之优点，成为我国传统建筑必不可少的主材之一，古有"汉瓦"之说，犹如景德镇之瓷器，意为蜀汉时期的青瓦，无论在材质、美观及运用方面，均超过其他地区。

航拍风雨桥

灰、糯米浆为原料，塑造一只只栩栩如生的吉祥鸟。

程阳风雨桥两旁镶着栏杆，远远看去好似一条长廊，飞檐高翘，犹如羽翼舒展。整座桥雄伟壮观，气象雄浑，所以又叫"盘龙桥"。

程阳风雨桥是侗寨风雨桥的代表作，是目前保存最好、规模最大的风雨桥，是侗乡人民智慧的结晶，也是我国木建筑中的艺术珍品。

作为风雨桥中的佼佼者，程阳桥还具有雄厚的文化底蕴。有关风雨桥的传说，如情侣化龙的传说，都是围绕程阳桥产生的。

程阳风雨桥的建造，是侗乡人民智慧的结晶，它体现了侗乡人民的聪明才智和伟大的创造力。

024

古桥天姿

千姿百态的古桥艺术

阅读链接

湖南省怀化普修桥的桥廊两侧设置通长直棂窗，四柱三间排架。桥身为重檐长廊，分设三座桥亭，桥两端各设一座桥门。

两边桥亭为三重檐，方形平面歇山顶式。中间桥亭有七重密檐，下三层为方形平面，上四层为八角攒尖葫芦顶，顶尖泥塑青鸟一只，能转动，迎风鸣响。

三座桥亭内设神龛，中亭关圣殿，两端亭分设始祖祠和文昌宫。采用三孔四墩支承桥体，桥墩上架设两层等分枕木悬臂起挑承重桥面大梁。桥墩用青石质料砌成。南端桥头，因受地势影响，建有一座石砌三孔引桥。凡到侗乡的南贾北客，无不为普修桥的工艺叹为观止，流连忘返。

侗乡文化与风雨桥美誉

风雨桥是连接侗乡地区各个侗寨的纽带，风雨桥的建造历史非常悠久。早在汉代末期及隋唐时期，侗乡人就开始修建风雨桥了。

风雨桥是侗寨传统建筑的一个重要组成部分。

在贵州省侗乡，纵横交错的溪河上都建有风雨桥，人们根据自己

■ 侗族风雨桥

古桥天姿

千姿百态的古桥艺术

■ 广西柳州龙潭风雨桥

的爱好和河床的宽度大小，设计出各式各样的风雨桥。在众多的风雨桥中，以亭楼式的风雨桥居多，这种风雨桥于长廊顶部竖起多个宝塔式楼阁，楼阁飞檐重叠，少的有三层，多的达五层。

桥梁修建好后，热心公益的侗乡人民在夏天施茶水于桥上，供行人解渴。长廊两壁上端，用木板雕刻各种历史人物，或绘制神话故事彩画，或雕或画有雄狮、蝙蝠、凤凰、麒麟等吉祥之物图案，形象诙谐洒脱，古香古色，栩栩如生。

风雨桥是侗寨中特有的一种交通设施，是村民遮阳避雨，休闲纳凉的地方，也是迎送宾客的场所，还是侗寨拦截财富不随水流走的吉祥物。

侗家人依山而生，傍水而居。有山就有家，有家

就有水，有水就有桥。桥俨然是生命的一部分，侗乡人认为这是上苍赐的，也是大地给的，它是栖息着侗乡人民魂魄的溪河上的一座座精美的塑像。

侗乡人爱桥，丝毫不亚于仁者爱山，智者乐水。哪怕日子过得再苦再难，只要视野里隐隐约约地出现朦胧的桥影，侗乡人的心情就会激荡，血液就会沸腾，笑声就会酣畅淋漓。

生活所遭遇的一切一切的烦恼都会被潺潺的流水洗濯得干干净净，天地因而博大，眼界因而开阔，山水顿时清亮，精神顿时振作。

风雨桥，栉风沐雨，岁岁年年，逐渐衍变为侗家人灵魂的圣地和爱情的乐园。

一天月朗风清的夜晚，侗家腊咩和腊班来到桥

凤凰 在远古图腾时代被视为神鸟而予崇拜。用于比喻有圣德之人。它是原始社会人们想像中的保护神，经过形象的逐渐完美演化而来。它头似锦鸡、身如鸳鸯，有大鹏的翅膀、仙鹤的腿、鹦鹉的嘴、孔雀的尾。居百鸟之首，象征美好与和平。也是古代传说中的鸟王，雄的叫凤，雌的叫凰，通称凤。是封建时代吉瑞的象征，也是皇后的代称。

上，依照民族的习俗"行歌坐月"。风雨桥不仅带给侗乡人许多甜美回忆，也方便临水而居的侗乡人，所以侗乡人把兴建风雨桥视为一种乐善好施之事，因此风雨桥的修建历来是由民众集资、献工、献料。

为了表彰捐献者的善举，桥梁修好后，一般会在桥头立石碑，镌刻捐资、献工料者姓名。

据说，风雨桥建在溪河上不仅给人们的通行提供了便利，而且还有镇邪和留财之意。

风雨桥的桥身庄重巍峨，如巨龙卧江，气吞山河，十分壮观。风雨桥采用加长伸臂梁解决过河跨度大的问题，是侗乡先民对祖国传统建筑技艺的一大贡献。

风雨桥，是侗乡建筑艺术的一朵奇葩，它是侗族人民的天才创造，是侗族优秀传统文化的代表。风雨桥历来被侗乡人看作是自己本族人的建筑之宝，也被人们视为我国著名古桥之中的一颗璀璨明珠。

阅读链接

相传很久以前，一位善良的天神被贬下天庭，在人间大地上苦苦寻觅着自己的归宿。

一天，天神云游到了侗家山寨，漫步在竹篱茅舍旁的田间阡陌上，邂逅了一位美丽的侗家腊咩，两人相识相知，深深地相爱了。

相处日久后，天神告诉腊咩，侗家贫穷是因为村寨的钱财和人才都随着溪河水流向了外乡，只要在溪河水上架座桥就能锁住钱财和人才，侗寨就会人丁兴旺，五谷丰登。

于是，在天神的指引下，侗乡的千道壑、万重山川就架上了不用一钉一铆的实实在在的木桥。

也许是侗家人对人生和环境感悟得太深、太透，不知从哪年哪月起，侗家人在桥的前面冠上了"风雨"两字。于是，侗家从此与风雨桥结下了不解的情缘。

断桥

早在唐代，断桥就已建成，唐代人张祜《题杭州孤山寺》诗中就有"断桥"一词。

断桥位于浙江省杭州西湖的白堤东端，它是拱形独孔环洞石桥，长8.8米，宽8.6米，单孔净跨6.1米，保有古朴淡雅的风貌。

桥东堍有康熙御题景碑亭，亭侧建水榭，题额"云水光中"，青瓦朱栏，飞檐翘角，与桥、亭构成西湖东北隅一幅古典风格的画图。

在西湖古今诸多大小桥梁中，断桥名气最大，"断桥残雪"是西湖十景之一，断桥也被誉为"西湖三大情人桥"中最著名的一座。

神仙助段家夫妇修桥

西湖断桥，最早也叫"段家桥"。之所以被称为段家桥是因为此桥是一对段家夫妇所修。

相传在很久以前，西湖白沙堤，从孤山蜿蜿蜒蜒到这里，只有一座无名小木桥，小木桥与湖岸紧紧相连。行人路过这里，到孤山的那边去经商、游玩，都要经过这座小木桥。日晒雨淋，桥板经常要被踩

■杭州西湖断桥

■ 西湖断桥远景

得断掉，行人十分不便。

　　在小木桥的旁边有一间简陋的茅舍，里面住着一对姓段的夫妇。他们两人手脚勤快，以捕鱼、摆酒摊维持生计。但因酒味不佳，顾客很少，生意清淡。

　　一天晚上，夫妇俩刚要关门，忽然来了一个白发老人。老人说远道而来，身无分文，要求留宿一夜。

　　段家夫妇热情地留他住下，还烧了鲤鱼，打上土酒，款待老人。老人连饮三碗，便呼呼入睡了。

　　第二天白发老人临别时，给了段家夫妇三粒红红的酒药，使段家酿出来的酒，甜醇无比，香气袭人。从此以后，天天顾客盈门，都为此酒而来。

　　段家夫妇见生意兴隆便拆掉了茅舍，盖起了酒楼。而且还专门积蓄了一笔钱，准备好好答谢白发老人。白发老人没有收下钱，只是告诉段家夫妇，把钱用在最要紧的地方，向小桥走去。

　　段家夫妇将钱收起来，站在门口目送老人离开，不料老人刚跨上小木桥，脚下一滑，桥板断了，老人

西湖 西湖拥有三面云山，一水抱城的自然风光。云山秀水是西湖的底色，山水与人文交融是西湖风景名胜区的格调。西湖之妙，在于湖裹山中，山屏湖外，湖和山相得益彰；西湖的美，在于晴中见潋滟，雨中显空蒙，无论雨雪晴阴都能成景。

也跌进了湖里。夫妇俩跑去相救，却看到白发老人自立于湖面，微笑着向他们挥手呢！然后，老人忽然就消失了。

段家夫妇这才知道，白发老人原来是个神仙。两人想起老人临别时说的话，计划将断掉的小木桥修建成一座石拱桥，以便利来往行人。

段家夫妇用自己的钱在桥断的地方修起了一座青石拱桥。从此，人们再不怕桥断了。当地人们为了纪念段家夫妇的善行，便把桥称为"段家桥"。后来，因为"段"与"断"同音，便被称为"断桥"。

关于断桥的起源，人们还有的说是每当瑞雪初霁，站在宝石山上向南眺望，西湖银装素裹，白堤横亘雪柳霜桃。

断桥的石桥拱面无遮无拦，在阳光下冰雪消融，露出了斑驳的桥栏，而桥的两端还在皑皑白雪的覆盖下。依稀可辨的石桥身似隐似现，而涵洞中的白雪熠熠生光，桥面灰褐形成反差，远望去似断非断，故称"断桥"。

还有另一种说法更有意境，因为《白蛇传》中相传许仙和白娘子缘断于此，所以名为"断桥"。

032
古桥天姿
千姿百态的古桥艺术

阅读链接

断桥上还流传着许仙和白娘子的动人爱情故事，也因为这个故事让断桥成为西湖上最著名的桥。

白娘子原本是山野中修炼的一条小白蛇，有一天，小白蛇被一个捕蛇老人抓住了，差一点遭遇杀身之祸，幸亏被一个小牧童所救。

经过1700年的修炼，白娘子终于化作人形，经观音菩萨的点化，来到杭州西湖寻找前世救命恩人小牧童……

清明佳节，烟雨蒙蒙，观音说"有缘千里来相会，须往西湖高处寻"。在杭州西湖的断桥上，白娘子终于找到了前世的救命恩人许仙，以身相许，结为夫妻。在经历水漫金山之后，又是在断桥邂逅重逢，再续前缘。

西湖断桥的历代美誉

段家夫妇的修桥事迹广为流传，其实真正的断桥位于杭州市西湖白堤的东端，它背靠宝石山，面向杭州城，是外湖和北里湖的分水点。

白堤全长1千米，东起断桥，经锦带桥而止于平湖秋月。白堤横亘在西湖之上，它把西湖划分为外湖和里湖，并将孤山和北山连接在

■ 西湖断桥

张祜（785—约852），字承吉，邢台清河人，唐代著名的诗人。出生在清河张氏望族，家世显赫，被人称作"张公子"，有"海内名士"之誉。张祜的一生，在诗歌创作上取得了卓越成就。《全唐诗》收录他的诗歌约349首。

一起。

白堤在唐代原名白沙堤，宋代又叫"孤山路"。明代堤上广植桃柳，又称"十锦塘"。堤上内层是垂柳，外层是碧桃。

由于断桥背城面山，正处于外湖和北里湖的分水点上，视野开阔，是冬天观赏西湖雪景的最佳处所。古代文人也自然少不了对断桥美景的描述。

最早记载"断桥残雪"的是唐代的张祜，他的《题杭州孤山寺》中提道：

楼台耸碧岑，一径入湖心，

不雨山长润，无云水自阴；

断桥荒藓涩，空院落花深，

犹忆西窗月，钟声在北林。

■ 西湖断桥风景

张祜诗中的一句"断桥荒藓涩"，从中可以知道

■ 西湖断桥

断桥是一座苔藓斑驳的古老石桥。大雪初霁，原来苔藓斑驳的古石桥上，雪已残而未消，难免有些残山剩水之感，于是就拟出了"断桥残雪"这一西湖难得的景观。

至宋代由于孤山来的白堤提到此桥才得名的。宋代的时候断桥叫"宝佑桥"。

关于断桥的诗篇有很多，据明代散文集《西湖游览志》所说，断桥在元代并不这么称呼，因为此桥是桥畔住着的一对以酿酒为生的段姓夫妇所建，所以称为"段家桥"。

地处江南的杭州，每年雪期短促，大雪天更是罕见。一旦银装素裹，便会营造出与常时、常景迥然不同的雪湖盛况。

所以后来的断桥残雪成了最著名的西湖十景之一，是西湖冬季的一处独特景观。

每当瑞雪初晴，如站在宝石山上眺望，桥的阳面已冰消雪化，所以向阳面望去，"雪残桥断"，而桥的阴面却还是白雪皑皑。

来至断桥上往西，往北眺望，孤山、葛岭一带楼台上下，如铺琼砌玉，晶莹朗澈，有一种冷艳之美。故从阴面望去，"断桥不断"。

后来断桥改建，桥东有"云水光中"水榭和"断桥残雪"碑亭。

最后一次重建后的拱形独孔环洞石桥，长8.8米，宽8.6米，单孔净

西湖断桥景色

跨6.1米，曾经大修，但古朴淡雅的风貌基本未变。

桥东堍有清代康熙御题景碑亭，亭侧建水榭，题额"云水光中"，飞檐翘角，与桥、亭构成西湖东北隅一幅古典风格的画图。

断桥残雪景观内涵说法不一，一般指冬日雪后，桥的阳面冰雪消融，但阴面仍有残雪似银，从高处眺望，桥似断非断。每当大雪之后，红日初照，桥阳面的积雪开始消融，而阴面还是铺玉砌玉，远处观桥，晶莹如玉带。

伫立桥头，放眼四望，远山近水，尽收眼底，给人以生机勃勃的强烈而深刻的印象，是欣赏西湖雪景之佳地。断桥残雪是西湖难得的景观，"西湖之胜，晴湖不如雨湖，雨湖不如月湖，月湖不如雪湖"。

阅读链接

断桥是西湖中最出名的一座桥，是西湖三大情人桥之一。它的名字与我国民间故事《白蛇传》中缠绵悲怆的爱情故事联系在一起。

白娘子与许仙相识在此，同舟归城，借伞定情；后又在此邂逅，言归于好。

越剧《白蛇传》中白娘子唱道："西湖山水还依旧……看到断桥桥未断，我寸肠断，一片深情付东流！"历来催人泪下，让人闻听此桥都能产生无尽的追思。

彩虹桥

　　江西省婺源彩虹桥修建于1137年，它建在古徽州清华镇。全桥长140米，桥面宽3米多，四墩五孔，由11座廊亭组成，廊亭中有石桌石凳。从远处看，亭略高于廊，错落有致。

　　彩虹桥因为沿袭了唐诗"两水夹明镜，双桥落彩虹"而成名。传说，桥落成之日，有彩虹悬于蓝天，双景竞相媲美。

　　彩虹桥周围景色优美，青山如黛，碧水澄清，坐在这里稍作休息，浏览四周风光，会让人深深体验到婺源之美。正因为这样，彩虹桥被誉为我国"最美的廊桥之一"。

二胡合力共筹建彩虹桥

　　传说古徽州这个地方，自古以来就有做善事的习俗，如修桥、铺路、建亭子等。一开始人们在鸳鸯湖上游40米左右的地方，建有一座独木桥。

　　但独木桥一年当中好几次被洪水冲毁，给过往的行人、劳作的村

■江西婺源彩虹桥

里人带来很大的不便。

■ 江西婺源彩虹桥长廊

在鸳鸯湖不远处，这里有一个清华村，里面住着一位出家的和尚胡济祥和一位建筑能人胡永班。他们两人都很想为清华人建一座永久性的桥。

胡济祥和胡永班两人便在村镇上发动人们捐资来筹建大桥，但是村里的人们都比较穷，建桥的事毕竟是个巨资，一时半会也凑不齐。无奈之下这事只好暂时搁浅，但两人都没有放弃建桥的想法。

很快和尚胡济祥便想到去远方比较富的地方化缘募集筹集资金。胡济祥开始云游四海，用三年多的时间化缘，终于筹集到足够多的善款，大桥可以开工建设了。

然而建桥的过程中还是会遇到许多困难，建一座大桥不仅需要请工匠，还要选择好的石料和木材，不然这桥就不能坚固。

当然，胡济祥和尚将这个任务交给了能人胡永

古徽州 是徽商的发祥地，明清时期徽商称雄中国商界500多年，有"无徽不成镇""徽商遍天下"之说。以徽商、徽剧、徽菜、徽雕和新安理学、新安医学、新安画派、徽派篆刻、徽派建筑、徽派盆景等文化艺术形式共同构成的徽学，更是博大精深。

和尚　和尚本是一个尊称，要有一定资格堪为人师的才能够称和尚，不是任何人都能称的。这个称呼并不限于男子，出家女有资格的也可以称和尚。但是后来习俗上这个字被用为对一般出家人的称呼，而且一般当作是男众专用的名词。

班。然后由他请来一批能工巧匠来进行桥梁工程的设计、建造。

胡永班在建桥方面也是个经验丰富的能手，在他的主持下，和其他的工匠们一起齐心协作，历时四年多的时间终于完成这项浩大的建造工程。

大桥在建造的过程中的困难也一一被胡永班一帮人攻克，然而还有一个问题，建成的桥该取个什么名字呢？胡永班和胡济祥两人，便邀请了清华村里的许多文人墨客，来商议此事，人们都想给桥取个内涵丰富的名字。

然而，婺源人自古不喜欢简单地用地名命名桥名，而且几乎所有的古桥都有一层美好的寓意。因此人们思来想去，不知道取啥名字好。许多人都给大桥取了不同的名字，无一被村里人认可。

大桥马上就要竣工了，大家纷纷都赶到桥头来观看，就在大桥封盖完最后几片瓦后，傍晚时分，西边的山背上出现了一道亮丽的彩虹，夕阳透过云层，倒映在水中，构成了一幅美丽的山水画。

彩虹桥从和尚化缘到建成，历时近十年，在完

■ 江西婺源彩虹桥走廊

工时，雨过天晴，西边挂了道亮丽的彩虹，当地人认为这是绝好的兆头，因此命名为"彩虹桥"。

　　和尚胡济祥和能人胡永班立即叫村里人燃放爆竹庆贺，彩虹是清华人心目中吉祥、美丽的象征，几乎所有的人都认为桥名取彩虹桥最为恰当，因此它就这样流传下来了。

　　彩虹桥这一名称寓意着，凡过往的行人、商旅踏上此桥，如同登上吉祥、美丽的彩虹，终生有个好运气，也寄托了古人的祝福。

　　后来人们为了纪念两位建桥者的功绩，便在彩虹桥的中间亭子设立了神龛，用来表示永世不忘。

　　彩虹桥上右边供奉着募化僧人胡济祥神位，左边为创始理首胡永班神位，中间是禹王神位。

　　为什么这里要立禹王的牌位呢？

禹王　又称"大禹""夏禹""戎禹"，是黄帝的第四代子孙。他是我国古代传说中的部落联盟领袖，是上古治水英雄。大禹是中华民族的精神象征之一，大禹治水所衍生出的丰富意义，是中华悠久历史文化中重要的组成部分之一，也是最为华彩的一章。

■ 远视婺源彩虹桥

当地人认为禹王是镇水的神仙，也是胡氏的始祖，有他在，可以镇住洪水，保护古桥。

彩虹桥廊亭中有长条木凳，还有石凳，可供行人歇脚。彩虹桥旁的水碓作坊，演示着清华镇人利用水能带动水车舂米、磨粉的场景。

除了领略美景外，古代的学子们，每逢进京赶考，一定要上彩虹桥走走，上彩虹，企盼平步青云上彩虹，期望高居榜首，踏上仕途，光宗耀祖。

而临行前的微商们，也一定要走走彩虹桥，寓意着这一去一定是生意红火，希望能早日衣锦还乡。

阅读链接

彩虹桥的神灵为何物？据说是一只可爱的小铁水牛。

婺源人在古代建桥有个习俗，建桥墩时，在临水的侧面会镶嵌进一头铁铸的水牛，以镇住洪水，保护桥墩。

彩虹桥第三个桥墩，至今依然完好地保存着一头铁牛：牛头伸出石缝，警惕的双眼，注视着流经的每一次洪水。

800多年来，仿佛怒吼着同一个声音：洪魔让道！

据说，这800多年的小水牛是有灵性的，见到、触摸他，可保人健康、平安。

婺源彩虹桥的构建之美

婺源彩虹桥，历史悠久，近千年的水碓作坊，演示着古人利用水能带动水车舂米、磨粉。就是这样一道简单不起眼的石碣，也称"石坝"。几百年来保护彩虹桥周边的生态环境，它被誉为"生态保护神"。

彩虹桥是文化与生态、动与静、休闲与娱乐相结合的一个桥梁。彩虹桥有厚重的桥文化，历史古迹及古人留存的生产工具，又有生态较好

■ 婺源彩虹桥

竹筏 又称"竹排"。用竹材捆扎而成，是有溪水的山区和水乡的水上交通工具，流行于长江南部地区。它有着悠久的历史，在船舶发展史上有自己的地位。一般竹筏长约3丈，宽数尺。竹子粗端作筏头高高翘起，细端作筏尾平铺水面。

的自然环境，是最具婺源古色生香的一座文明古桥。

站在彩虹桥上，往上游眺望，有五座连绵的山峰，形似笔架，称为"笔架山"。山脚下是碧波荡漾的文彭小西湖，1551年至1567年中的某一天，吴派篆刻祖师文彭，应他的学生何震之邀，乘竹筏逆流而上。

文彭、何震两人见这一带碧波潋滟，风光旖旎，蜿蜒的古驿道在千年的古林中延伸，旁边的庙宇、村落、古桥、河道构成一幅美丽的山水画卷，文彭便情不自禁地赞叹："此乃小西湖！"

文彭想都没想文彭找来雕刻的工具，欣然地在彩虹桥下的临水石壁上题刻上了"小西湖"三个字，彩虹桥也因此而得名。

婺源有一种颇有特色的桥那就是廊桥，所谓廊桥就是一种带顶的桥，这种桥不仅造型优美，最关键的

■ 江西婺源彩虹桥

是它可在雨天里供行人歇脚。

宋代建造的古桥，婺源廊桥中的彩虹桥是最有代表性的杰作了。这座桥是借由唐诗中的"两水夹明镜，双桥落彩虹"的意思而取名。

彩虹桥桥面的木质部分，是从桥的延续性、长远性来设计思考的。在工程构造方面，又从经济、结实、耐用、便于维修的角度去做的。

彩虹桥乍一看，结构简单，做工粗糙，榫头与榫头之间的缝隙大，长廊都不在一条直线上。这说明了建筑此桥时对木匠的要求水平不高，彩虹桥是普通木匠所建。

修建彩虹桥的人之所以这样做，也可能是从最经济的角度考虑的，比如说桥坏了，可以用最低的价钱，随时能找到维修的木匠。

婺源有钱人的房子、祠堂，建造得都十分气派，足见这座桥显然请的不是当地有名的工匠来修的。桥

■ 江西婺源彩虹桥美景

婺源 位于江西东北部，皖赣浙三省交界处。婺源是古徽州府六县之一，徽州文化的发祥地之一。婺源素有"书乡""茶乡"之称，是我国著名的文化与生态园地，被外界誉为"中国最美的乡村""一颗镶嵌在赣浙皖三省交界处的绿色明珠。

■ 江西婺源彩虹桥桥梁

是要世代子孙行走的。因此桥的建造者想必是处心积虑，才使得这座桥完整地留存了下来。

尽管彩虹桥是普通木匠所建，但此桥所体现出的艺术风格却是古朴厚重，历史感很强。

整座桥都是为了便于维修，所以化整为零的，彩虹桥的每个亭、每个廊都是独立的，这样做不会因为一处坏了而影响到整座桥的使用。

彩虹桥榫头之间的牢固不用铁钉，全部用木钉。其实使用木钉，成本低，便于加工。铁钉用在桥上，容易生锈，而且与木头结合在一起，人在桥上行走，桥体会发生振动，铁钉会把木头磨损，桥就容易松动。

彩虹桥用木钉牢固显然是正确的，木头是同一属性，在震动中伸缩相同，几百年过去了，榫头之间依然紧密牢固。

彩虹桥的桥梁是用百年以上的四根老松树加工而成，上面铺上木板供人们行走。桥面的木质部分，一般只能保存上百年，所以，彩虹桥历代都被人们维修过。

彩虹桥最大的特点就是设计非常科学。

第一，桥墩像半个船形。前面丰锐，后面平整，流线型，起到分解洪水对桥墩的冲击力的作用。

彩虹桥正是由于科学的设计，才能保留了桥的完整性不被破坏，历史上曾记载，最大水位接近桥面，当时洪水汹涌，假如墩头是平面的，桥早已被洪水冲毁。

第二，桥墩之间距离不等。墩距的最大跨度为12.8米，最小的9.8米，相差3米。这种设计是根据汛期洪水的走向确定的。

第三，主流量经过的地方墩距较大，有利于泄洪，桥墩受到的冲击也小；水流平缓的地方，墩距较小，受到洪水的冲击力也相对小些。

第四，条石之间的砌法是很讲究的。桥墩是用长短大小不一的条石镶嵌在一起，缝隙小，结合得非常牢固。这是因为桥墩内部是用砂石填充的，一旦条石出现缝隙，长年被洪水冲击，很容易拉大口子，砂石被淘空，桥墩就会倒塌。

因为要修复一个桥墩难度特别大，桥墩的最大水深有四五米，在当时落后的生产条件下，要清到岩基，将上百斤或成吨的石块砌好，

■婺源彩虹桥桥墩

就排水一项，要用10多台农用水车，昼夜不停抽水，方能清到岩石砌条石。

因此，当初的建造者，想把桥墩做好后，永远不再重修，做到一劳永逸。桥墩是整座古桥的最精美部分。

彩虹桥的魅力，不仅在于桥体与青山、碧水、古村、驿道的完美结合，而且更重要的体现在建造的生命力。彩虹桥科学合理地选择了建桥的地理位置，桥建在最宽的河面上。

彩虹桥的桥墩设计成分解洪水冲击力的半船形桥墩。根据洪水主流速桥墩之间的分布也呈现出不同的变化。

此外，彩虹桥的条石砌法的紧密牢固，以及桥面设计理念的长远、实用，易于后人维修，都充分体现越简单实用的工艺越容易传承、延续的哲学思想。

彩虹桥是古徽州最古老、最长、设计最科学的一座廊桥，被誉为"我国最美的廊桥之一"。

阅读链接

彩虹桥的西岸是通往饶州府的古驿道，桥10米远处有条4米宽的小河沟，古人建造了一座石拱桥，取名"登云桥"，即登彩云的桥。

彩虹桥与登云桥一高一矮、一大一小的连接，解读了古徽州桥名文化的精髓：祈盼吉祥、发达，达到人生的最佳境界，无论读书、做官、行商，还是做其他事。

登云桥的寓意是登青云，它是指踏上一道吉祥、美丽的彩虹，飞黄腾达，何等风光、潇洒、光宗耀祖……

彩虹桥与登云桥，两桥桥名的巧妙组合，正是古人对子孙后代的祝愿、祈盼。

江东桥

福建省漳州江东桥最开始修建于1190年至1194年间，由郡守赵迟伯在福建九龙江北溪下游建造浮桥。

江东桥正式修建于1214年，由郡守庄夏开始建筑石墩木桥。后来在1237年木桥被火烧毁。再由漳州郡守李韶倡议改建石桥，长约670米，宽约7米。全桥共有桥孔15道。

江东桥的石梁每条长22米至23米，宽1.15米至1.5米，厚1.3米至1.6米，重达近200吨。这是桥梁建筑中的伟大创举。

神虎负子渡江助建桥

　　那是古时候，在福建的漳州有一段溪流，人们叫它"柳营江"，其实原来就是一个通往外埠的渡口。后来渡口成了东西的重要通道，也是唐代特别是宋代以来泉州府通向漳州至广东的咽喉之地。

■ 福建漳州古村

在早年的时候，来往的人们只能靠摆渡过江，过往非常不方便。于是在1190年至1194年，由当时的漳州郡守赵逖伯主持，在这里用船连船的方式建造了一座浮桥。

功夫不负有心人，建好后的浮桥，的确给当地来往的人们带来了极大的便利。但是这种浮桥非常地不稳定，而且渡口风大浪大，稍有不慎，便会连人带船卷入江中。

而且，人们在浮桥上行走时总是摇摇晃晃的，这令过江的人们无不胆战心惊，因此，这里也经常发生行人坠江的事故。这种情况一直持续至1213年。

1213年，有一位叫庄夏的人开始出任漳州知府。庄夏在任漳州知府期间，内重教化，兴办学校，减轻赋税，政绩非常地卓著。

庄夏出生于1155年，少时丧父，家贫，随兄庄晦学习。他年少时便精通礼经，郡上有一位有学问的人对他宠爱有加，勉励他入学，于是在1175年入太学就

知府 是古代地方职官名，州郡最高行政长官。唐代已有，宋代正式设立州府级地方长官"知府事"，明代才最后有了"知府"。知府掌一府之政令，总领各属县，凡宣布朝廷政令、治理百姓，审决讼案，稽查奸究，考核属吏，征收赋税等一切政务皆为其职责。

读，1181年庄夏中了进士。

后来当了漳州知府的庄夏知道了江口渡口的危险情况后，便第一个提出，要将浮桥改为固定的桥梁。庄夏先是向朝廷申请了建桥资金，并利用民间的募捐，筹到钱后就开始建造大桥。

庄夏先是在四周招来了大量的能工巧匠，然后他就开始主持来施工建桥，他们先是垒石为墩。

在庄夏指挥工匠们建筑桥墩的过程中，他们遇到了非常大的困难，因为当时柳营江的江水水深流急，抛石都被冲散了，工匠们连续试了多次都迟迟未能奏效。

一时间，工匠们心急如焚，不知如何是好。

有一天傍晚，庄夏和工匠们正在江边休息，这时忽然发现有一只老虎背着一只小老虎在柳营江中泅水而过，泅过一段激流后，老虎就停下来歇息，再泅再歇，终于将虎子安全地驮过了江。

这时一位工匠大叫神奇，在呼喊声中，庄夏幡然醒悟，他意识到，想必在虎歇处，一定有石阜垫底，随即喊了几位会水的工匠到江底勘探，果然不出所料，在虎泅水的江底有非常高的石阜。

■ 江东古桥

于是，庄夏随即命令众工匠沿着虎泅一线选址造礅，在虎歇处投巨石垒筑桥礅，没想到这次的行动一举成功。然后，人们又在石礅上搭建长木，终于造成了第一座固定的石墩木桥。

一开始人们不知道给这桥取个什么名字，后来人们在石礅木桥上加盖了木瓦顶，为了让此桥能够济世利民，所以取名为"通济桥"。

当地的人们都知道建成此桥，是受到"神虎负子渡江"的启示，于是取了"虎渡"两字，将此桥称为"虎渡桥"。

神虎负子的故事，在江东一带广为流传，以至后来的人们都将此桥赋予了神话色彩，称它为"江东一带的奇桥"。所以人们都将此桥视为江东人民的骄傲，因此，后来人们也称它为"江东桥"。

其实这时的江东桥还只是一座石礅木桥，并非后来的江东大石桥，人们所指的江东桥一般是后来建成的大石桥。

阅读链接

传说，福建安溪清水岩住着个神仙清水祖师。一天，清水祖师正在吃饭，忽然将筷子叉住，大汗淋漓，徒弟惊问其故。

清水祖师回答说："江东桥民工抬石桥梁的箩绳一共三股断了其中两股，如果不及时抵住，后果将会不堪设想。"

又过了一会儿，清水祖师微笑着说道："石桥梁已经安位落座，我可以无忧了！"

原来江东桥修造正处关键时刻，险情不断，幸亏高僧及时出手鼎力相助，方才化危为安。

江东桥的建造奇迹

  "神虎负子渡江"造桥的故事只是一个美丽的传说，其实也是对当时人们建桥技术高超的一种赞美。

  其实真实的情况是这样的，1214年，郡守庄夏开始在这里垒石为

■ 福建漳州古桥

■ 江东桥景色

墩，建造大桥，此时的桥还只是一座石礅木桥，当然后来的木桥建好了，也为人们带来了便利，但是木桥的负荷能力是有限的，以致至大的货物经常不能通过。

1237年，刚建好不久的木桥就被大火烧毁了。这时漳州郡守成了李韶，李韶上任后便倡议将虎渡桥改建为大石桥，并捐了自己的50万钱以示决心。

李韶的建议很快便得到了附近的吏部尚书颜颐仲和前郡守庄夏之子梦说衷的支持。他们联合恳请朝廷再拨库钱万缗，并且发动和尚廷睿师徒四处募款来助资建桥。

后来虎渡石桥的建桥一事由郡人陈正义来接手主持。在陈正义的带领下，工匠们用了三年多时间，花钱30万缗。终于造成了一座坚固无比的大石桥。

李韶（1197—1268），自幼聪慧过人，5岁便能赋诗。1211年与其兄李宁之为同榜进士，初任南雄教授，后调庆元。韶历户、礼、吏三部侍郎兼中书舍人，复迁宝华阁直学士，出知泉州，治郡所至，俱有廉声。

古桥天姿

千姿百态的古桥艺术

■ 福建古村

帑 古代时收藏钱
财的府库。是我
国古代仓库的名
称。一般称贮谷
的建筑为仓，贮
米的建筑为廪，
朝廷贮文书档案
的建筑为府，贮
金帛财货、武器
的建筑为库。以
仓廪作为贮粮处
所的通称；以帑
这一府库作为国
家贮藏文件、物
资、金帛处所的
通称。

它位于福建省漳州榜山镇，横跨于九龙江的北溪与西溪交汇入海处。这里两岸峻岭夹峙，江宽流急，地势十分险要，古时候的人们都称它是"三省通衢"。

由于水湍地险，所以对于江东桥的建造在当时来说简直是个奇迹，而且江东桥历经数百载一直保存了下来。尽管江东桥在元明清等各代，也经过多次的修建，但一直都可以正常使用。

关于江东桥的修缮，其中有记载的共有十余次，特别是1537年，由大巡李翔谋划来修建石梁桥，由郡守孙裕组织施工，没过多久，孙裕因为调任所以桥并未最终建成。

后来又过了两年，就是1539年由代巡侍卿王石沙再拨帑兴修，并由郡守顾四科招募了大量的民工来施建，经群众努力，又隔了一年的冬天，新建的石梁桥才终告落成。

建成后的江东桥的石梁每条长22米至23米，宽1.15米至1.5米，厚1.3至1.6米。这么大的石板要架起来，并用细的石板来添满其缝隙。最后长约670米，宽约7米的大石桥终于建成了。

江东桥自建成以来，几经兴废，历经多个朝代，历时700多年。它是一座古建筑的巨大石梁，仅是由三个墩间的两道巨石平铺而成，中间留有很宽的缝隙用来增大桥的宽度。然后用板石掩在它的缝隙里，这样的桥梁看似构造简单，却又异常地坚固耐用。

尤其值得一提的是，桥墩上的梁石最重近200吨，在古代要开采如此巨大石梁，其难度是难以想象的。而且用什么办法、什么工具将如此石梁运至江

郡守 官名。郡的行政长官，始置于战国。战国各国在边地设郡，派官防守，官名为"守"。本系武职，后渐成为地方行政长官。秦统一后，实行郡、县两级地方行政区划制度，每郡置守，治理民政。汉景帝时，改称太守。后世唯北周称郡守，其他均以太守为官名。明清则专称知府。

■ 福建漳州民居

■福建漳州南靖土楼

边，架上桥墩的呢？

后人一直考量梁石究竟是怎么安装上去的，但对于今人这还是个谜，不过，这足以见得当时造桥技艺之高超。

像这样"上重下坚，相安以固。涨不能没，湍不能怒，火不能热，飓不能倾。锁沉石以利行人，维两峡而捍固内气"，实是我国建桥史上的奇迹，充分显示了当年漳州人民在石建筑方面的高超技艺和宏大气魄。

由于江东桥的地理位置得天独厚。再加上这座江东桥的建筑技术在当时来说也是首屈一指的，是极其少有的石桥，它的建成在我国桥梁史上久负盛名，堪称我国古石桥建筑的一大奇观。

阅读链接

江东桥与泉州的洛阳桥、晋江的安平桥、福清的龙江桥合称为"福建四大古石桥"。

清代顾祖禹《读史方舆纪要》称："江南石桥，虎渡第一。"其实，事实远不止于此。

的确如此，根据古籍文献之记载和实际调查所得资料，其构造雄伟，石梁庞大沉重者，当以福建漳州虎渡桥为第一。

八字桥

　　我国有两座有名的八字桥，一座位于江苏省兴化，跨南北流淌的北市河上的一座单孔花岗岩石桥；另一座八字桥位于浙江省绍兴市，是绍兴著名的桥。

　　以浙江省绍兴的八字桥和江苏省兴化的八字桥具有代表性。

　　浙江省绍兴的八字桥始建于1201年至1204年期间，两桥相对而建，倾斜相靠，形状如八字，所以叫"八字桥"。后来八字桥在1256年重建。

　　八字桥作为我国最早的"立交桥"，赢得了普遍的赞叹。

八仙助杨老人修桥

传说以前的八字桥，是由八块石头组成的一座石板桥，因为形状像"八"字而得名。又因为桥走八步就可以通过，也有人称其为"八步桥"。桥下的河只不过是一条穿城而过的河沟，河东有一座东岳

■ 八字桥美景

八字桥美景

庙，北面是东寺桥，桥西有一条老街。

很早以前还没有八字桥的时候，河东面的人到老街要转一大圈，非常不方便。

老街上住着一个姓杨的老人，虽然他的头发胡子全白了，但身体却非常健壮，也没有人说得清楚他到底有多大岁数。

杨老人有着一手刻章的本领，因此在当地小有名气，也靠这一手艺赚了不少钱。杨老人由于年轻时受过穷苦的日子，所以一心想着为穷人多做些好事。

于是杨老人经常为镇上的人们做善事。

有一天，他在河边散步的时候，见有许多的穷人每天都吃不饱饭。于是，杨老人便干脆每天一早就在自家门口支起一口大锅，煮上一锅稀饭来接济周边的穷人。

因为杨老人的乐善好施，一心向佛，所以生意也做得特别红火，找他刻章的人也越来越多，赚来的钱就接济村里更多的穷人。后来，他的名声也越来越大，据说都传到了天庭里。

有一天晚上，杨老人刚要睡觉，突然听见敲门声，打开房门一看，门前来了八个人，有七男一女。

其中领头的是一个骨瘦如柴的老头，只见他倒骑着毛驴，捋了捋

八字桥美景

全国重点文物保护单位

八字桥

中华人民共和国国务院
二〇〇一年六月二十五日公布
浙江省人民政府立

自己的胡子，然后笑着对杨老人说："我们一天没有吃饭了，能不能讨点稀饭喝呢？"

杨老人见此情景二话没说，忙放下手中的活计对他们说："好的好的！你们稍等片刻，我这就去准备饭去，大家请先进来歇歇。"

说完，杨老人连忙去里屋准备食物，他把家里所有能吃的东西都拿出来放在桌上，然后请八个人吃。八个人一点也不客气，狼吞虎咽地就把桌上的食物吃完了。

其中一个女的对杨老人说："老人家我们吃你的东西，身上没有带银子，我们可以帮你做一些事情好吗？"

杨老人乐哈哈地说："只要你们吃饱了比什么都好，不要提银子的事了。天也不早了，你们今天就住我这里吧！"

第二天一早老人像往常一样支起大锅烧起了稀饭，那八个人也早早地起来在一旁，看着杨老人一舀一舀地给穷人盛稀饭。八个人中一个身背酒壶的拐子，笑眯眯地对老人说："老人家你这么做好事接济穷人是为什么呀？"

杨老人叹了口气说："这些年我们这个地方老受灾，这些人很可怜，不比我这个做手艺的，不能看大家都饿着肚子吃不起饭吧！我反正是一个人，能多为他们做点好事就多做点。只是可怜河东面的人了，他们一大早就要转一圈才转到我这里。要是能从我这里有座桥就好了。"

背酒壶的拐子哈哈笑了起来，老人家这事包在我们身上。只见八个人像变魔术一样，手一招从天上落下八块石头，不偏不歪形成一个八字桥。

杨老人还没看明白，忽然见飞来八朵祥云，八个人向老人挥了挥手，登上祥云飘走了。当时人们称八字桥为"八仙桥"。

过了几年，穷人们发现姓杨的老人走了，不知到什么地方去了。有人说他被神仙带走了，到仙界去了。穷人忘不了杨老人的恩德，在八仙桥下建了座小庙纪念他。

因为杨老人刻字为生，所以后来的八仙桥改名为"八字桥"，一直流传了下来。

阅读链接

明末清初，有个八字先生白天在桥边摆摊。这天桥头突然出现八顶轿子，原来这八字桥下面是余家坝，余家老爷要做60大寿，其在外为官的子女就坐轿回家。

前来拜寿的这行人个个趾高气昂的，当他们浩浩荡荡的行到桥前，由于八字先生避让不及，被最前面开道的马车撞倒，其摆摊的木桌也掉入溪沟。

八字先生非常的气恼，心想一定要惩罚他们，打探之下，他听说余老爷的生庚八字，掐指一算，打算在余老爷出生对应的时辰把这八字桥掀掉一座，并暗骂道：八字少一撇，要你活不得。

没想到这还真的灵验了，此时正在举杯饮酒的余家老爷正在和家人用餐，突然惨叫一声，倒地而死。

八字先生后来又把毁掉的那座桥修好，几个地名也都保留至今，其中八字桥已成为家喻户晓的地名了。

浙江绍兴的八字桥

　　八字桥位于浙江省绍城，修建于1201年至1204年间。八字桥修建在三河汇合处，主桥横跨于南北流向的主河上。字桥因两桥相对而斜，形如"八"字得名，造型非常优美。

　　在八字桥的桥下西侧第五根石柱上刻有"时宝祐丙辰仲冬吉日

■八字桥边的民居

"建"字样，这说明八字桥于1256年进行过修建，然而后来到了1783年八字桥又再重修。

八字桥连接起三条街道、三条河流。八字桥的桥面由并列条石组成，长4.85米，桥高5米；桥面宽3.2米，桥东西长27米；桥东的南北向落坡各为12.4米、17.4米，桥西的南向落坡为14米，西南落坡17米。

八字桥的桥栏，在望柱头上雕有覆莲，桥是石壁式的，高4米，主孔下西面第五根墩柱上刻有"时宝丙辰仲冬吉日建"。

八字桥为梁式石桥，两侧桥基条石叠砌，基上各并列石柱九根，石柱下端插入基石凹槽内，上端大条石压顶与两侧金刚墙紧贴着。

八字桥踏跺与三条道路相贯通，南面分二道与主河两岸道路相连接，其中南面西岸一道横跨小河，西面一道踏跺连接八字桥直街，北面一道在主河东岸与南面东岸一道位于同一线上，分南北两坡。

望柱 也称"栏杆柱"，是栏板和栏板之间的短柱。望柱有木造和石造。望柱分柱身和柱头两部分。柱身截面，在宋代多为八角形，清代望柱的柱身，截面多为四方形。望柱柱身各面常有海棠花或龙纹装饰。柱头的装饰，花样繁多，常见的有龙纹、凤纹、云纹、狮子、莲花、葫芦。

■ 绍兴八字桥

踏跺 古建筑中的台阶，一般用砖或石条砌造，置于台基与室外地面之间，宋代称"踏道"。它不仅有台阶的功能，而且有助于处理从人工建筑到自然环境之间的过渡。踏跺有垂带踏跺和如意踏跺两种形式，它们都是用条石砌筑的。

这里位处三街三河四路的交叉点，桥呈东西向，为石壁石柱墩式石梁桥，三向四面落坡，第二落坡下再设两桥洞，解决了复杂的交通问题。

八字桥为梁式石桥，桥洞宽4.5米，两侧桥基用大块条石砌成，石柱约高4米，下端插入桥以石材构建，柱脚立槽中央，用来加固桥梁。桥的石柱约高4米，微向内倾，使之紧贴柱后的金刚墙上，这样就十分稳固。

八字桥的石柱上用巨大条石压顶，再在上面盖以石桥梁。石桥梁长约4.8米，外侧用了两层石板，呈现出月梁形。石制栏杆的望柱上刻有造桥捐资者的姓名。

八字桥的两边可以供人行走，这也是它不同于平常所见的桥的地方。八字桥的东墩逼近民宅，踏步下法，沿河岸南北互通，非常方便。

在八字桥的西墩，除从八字桥直街直上正桥踏步外，南下东双桥西河岸也有踏步，在通向东双桥东河岸、西河岸的踏步下，还各筑有一梁式桥洞，因为在这里，很早的时候原本有一小河流穿过。

桥墩上所有踏步，和正桥一样，两侧都筑有石栏、望柱，使整座桥梁浑然一体。

八字桥非常科学而又实用地解决了小河两岸居民的交通问题。如此巧妙的建筑构思，加上如此久远的建造年代，奠定了八字桥在我国桥梁史上的地位。

八字桥的真正价值在于它自身的结构，以及营造者的巧妙构思。因为桥建在三水汇合处，人们将其称为"古代的立交桥"，并且大加推崇。

八字桥的平面布置非常有特色，桥的东端沿河道由南北两个方向砌有下桥的落坡石阶。而桥两端的两个落坡石阶，却分别为西、南方向。这种结构节省了用地空间。

桥墩 在两孔和两孔以上的桥梁中除两端与路堤衔接的桥台外，其余的中间支撑结构称为桥墩，也即是多跨桥的中间支承结构部分。桥墩分为实体墩、和排架墩等。按平面形状可分为矩形墩、尖端形墩、圆形墩等。建筑桥墩的材料可用木料、石料等。

■ 绍兴八字桥栏杆

■ 绍兴八字桥的青石板梁

八字桥还有一个最大的特色，就是在跨越小河的孔道上，专门铺设了一个青石板的纤道，这是专供拉船的纤夫所用。也正是因为这一个功能，它被誉为我国最古老的立交桥。

由于建桥的匠师们在这个多街道、多河道的特定地段。建筑了这么一座石梁式多踏步的桥梁，遂使八字侨在我国的桥梁建筑史上，获得了重要地位。

八字桥结构造型奇妙，八字桥陆连三路，水通南北，南承鉴湖之水，北达杭州古运河，为古代越城的主要水道之一。八字桥是绍兴历史文化的象征之一，更是老绍兴的典型代表。

阅读链接

一桥大木桥，二桥凤仪桥，三桥三接桥，四桥螺蛳桥，五桥鲤鱼桥，六桥福禄桥，七桥蕺坊桥，八桥八字桥，九桥酒务桥，十桥日晖桥。凡绍兴人，都能报得出绍兴十座桥。

宋代词人陈著还专门为八字桥赋诗一首：二灵山下湖光润，八字桥头河水分。此是江东最佳处，近来风景不堪闻。

江苏兴化的八字桥

兴化八字桥最早建于1466年，已有几百年的历史了。八字桥位于江苏省兴化城区内，它是一座横跨南北流淌的北市河上的一座单孔花岗岩石桥。

1611年，兴化知县陈宇对八字桥进行大修，并在桥上建一座八角重檐高大的凌霄亭，上悬"宰相里"的金字匾额，它与桥西约100米处的"状元宰相"李春芳故居元老府相对应。

后来陈宇又在八字桥东西两侧商铺的墙壁上题刻由明代

江苏八字桥

■ 绍兴鲁镇古桥

内阁首辅李春芳之孙、明代礼部尚书李思诚，明代南京户科给事中、礼部主事黄建中，明代兵部左侍郎魏应嘉撰写的《碑记》。

此外，陈宇还在桥上建一座旌表李春芳之女、国子监生王之麟之妻李氏的"节孝坊"。

1758年得以修建，整个修建工程一直延续至1796年至1820年才得以完成。

尤其是在清代嘉庆年间兴化富商金氏出了大量的钱资，用花岗岩长条石更换原来的青条石，使之更加壮观结实，而成为兴化明清时期88座砖石木梁中的最负盛名的石桥。

八字桥原来的坡度为45度左右，后于清嘉庆年间改换花岗岩条石时，放低为30度左右。东西桥面各为22级石阶，宽3.4米，长20米，上铺宽0.4米，厚0.16米大小不等的石板132块。

八字桥的两边，建有宽大结实的过河楼，楼下皆为商铺，使桥东西两侧的商铺连成一片，八字桥俨然

匾额 悬挂于门屏上作为装饰之用，反映建筑物名称和性质，表达人们义理、情感之类的文学艺术形式即为匾额。横着的叫"匾"，竖着的叫"额"。相当于古建筑的眼睛。也就是说，用以表达经义、感情之类的属于匾，而表达建筑物名称和性质之类的则属于额。

成为了一座名副其实的"廊桥"。

八字桥上和其东西两侧老字号商铺一家挨着一家。桥西"刘正兴篦子店"，生产和销售兴化名产篦子，店堂内悬有郑板桥题写的"发光可鉴"匾一块，从而成为该店金字招牌和镇店之宝。

据说桥内还有一座庙呢！因为自古以来，兴化城就有"七庙对七桥"的典故，它们分别是：

节孝坊 建于1787年，全石结构，造型古朴典雅，雕工考究，书法俊美，属于典型的清代石坊建筑，具有较高的观赏价值和艺术价值。此坊横梁上雕刻有多种图案，造型生动，雕工别致，甚是精美。

　　　上真庙对上真庙桥、东岳庙对东岳庙
桥、城隍庙对城隍庙桥、宝严寺对罗汉桥、
宝筏寺对北门闸桥、小关帝庙对马桥、文庙
对文通桥。

后来人们发现在八字桥桥拱西侧石壁上凿有一高约50厘米，宽约30厘米的神龛，内供奉一尊桥神塑

■ 八字桥石桥面

绍兴东湖古桥

像。其对面东侧桥拱石壁也有一神龛，内供一尊河神像。从此，人们才证实"桥内有座庙"的真实性。

八字桥在历史上也有重修的记录，1851年修纂的《咸丰重修兴化县志》记载："一名登瀛，东来之水，自此而北。中和、永福两桥跨之，参差如八字，曰八字桥。"

可见八字桥的起源的确是因为状如八字，所以才名"八字桥"。八字桥是兴化最著名的桥梁，也是明清时期最负盛名的一座桥梁。

阅读链接

浙江上虞丰惠镇也有一座八字桥。即由两座拱桥相邻相对成八字。两座拱桥一大一小，恰如八字的左右两笔。当地称两桥为"大八字桥""小八字桥"。

大八字桥正名为"通济桥"，小八字桥为"永新桥"。绍兴与上虞两座八字桥相比较，绍兴八字桥应称"闭口八字"，丰惠八字桥可称"开口八字"。

五亭桥

　　五亭桥修建于1757年，巡盐御史高恒及扬州盐商为迎奉乾隆帝而建，它位于江苏省的扬州。因桥上建有五个亭，所以名为"五亭桥"，五亭桥是建于莲花堤上，所以人们又称它为"莲花桥"。

　　五亭桥的桥身是拱券形的构造，桥孔共有15孔，中心桥孔最大，跨度为7.13米，呈大的半圆形，直贯东西，旁边12桥孔布置在桥础三面，可通南北。

　　后来人们把五亭桥的桥基比成北方威武的勇士，而把桥亭比作南方秀美的少女，认为它是力与美的结合，壮与秀的和谐。

美好姻缘促成桥的修建

相传古时候，在扬州的进香河边，住着一户人家，母子俩相依为命，母亲常年有病，卧床不起，儿子20多岁，以背负老人和孩子过河来谋生。这个小伙子姓成，非常孝顺，人们都叫他"成孝"。

■ 五亭桥景色

■ 五莲花桥和白塔

成孝与邻居何莲姑娘从小青梅竹马，两人一起长大，彼此相爱甚笃，但是他们的美好姻缘却被活活拆散了。

这条街上还住有一个恶少叫赵高，恶少经常仗着自己家有钱，到处胡作非为。因其为人极坏，人们都叫他"糟糕"。

有一天，成孝正和何莲姑娘到进河边游玩，不料被恶少赵高撞见了，赵高看到何莲极其美丽，心生歹念，上去调戏，成孝便上前制止，赵高并没有得逞，勃然大怒，扬言要报复他们俩。

赵高的父亲是一个老员外，当时他回家后看到儿子不高兴就问明了缘由，知道原因后便教育儿子要认真读书，不要到处沾花惹草，胡作非为。

但赵高从小被宠惯了，一点都听不进父亲的话，

老员外 简称"外郎"或"员外"，通称"副郎"。是较高贵的近侍官。隋代始于六部郎中之下设员外郎，以为郎中之助理，由此延至清代不变。唐代列在六品。明代以后员外成为一种闲职，不再与科举相关，而渐渐和财富联系在了一起。

郎中 是分掌各司事务，其职位仅次于尚书、侍郎、丞相的高级官员。郎中本是官名，即帝王侍从官的通称。其职责原为护卫、陪从，随时谏议。战国时期始有，秦汉时期治置。后世遂以侍郎、郎中、员外郎为各部要职。郎中作为医生的称呼始自宋代。

古桥天姿

千姿百态的古桥艺术

■ 夏日五亭桥

硬是趁老员外外出，叫来自己的手下，去何莲姑娘家把她抓走了。赵高将何莲抢回家后，逼其与自己成亲。

成孝知道这件事后，连忙赶到老员外家，要求他放人。结果老员外不在家，赵高派自己的手下将成孝打了一顿，成孝痛不欲生，没能救出何莲，自己反而病倒了。

成孝整日卧病在床，再加上家中还有患重病的老母需要他照顾，他真的不知道接下来该怎么办了。正当成孝叫天无门的时候，奇迹突然出现了。

有一天傍晚，成孝听到屋外突然有一位老妇呼喊着要渡河，他不顾自己有病在身，拖着病弱的身体走了出来，这时看到有一位老妇形容憔悴，风吹欲倒，觉得很怜悯她，忍着病痛挣扎着硬是把老妇背到了河

■ 五亭桥台阶

对岸去。

谁知老妇一过河就突然晕厥了过去，像是生命垂危的样子，成孝急忙又将老妇背回家抢救，并为她请了镇上的郎中医治。

当成孝带着郎中匆匆回家时，其母站在门口，神采奕奕地对他说："儿啊，那个老妇是个活菩萨，我们一定是遇上仙人了，她为我治好病后，就突然消失了。"

成孝见母亲百病皆除，喜出望外，连声说："娘，咱们遇到仙人了。"

这时房屋的上空突然红光万道，母子抬头一看，观音菩萨正站在莲花上，笑眯眯地望着他们说："看你心地善良，所以我才施法相救，帮你的母亲渡过难关。如果没猜错的话，你还有一个事情需要帮忙，对吗？"

观音菩萨 是指观察世间民众声音的菩萨，是四大菩萨之一。相貌端庄慈祥，经常手持净瓶杨柳，具有无量的智慧和神通，大慈大悲，普救人间疾苦。当人们遇到灾难时，只要念其名号，便前往救度。在佛教中，是西方极乐世界教主阿弥陀佛座下的上首菩萨。

■瘦西湖莲花桥

成孝连行数礼，将自己心爱的何莲姑娘被赵家恶少逼亲的事告诉了菩萨。观音菩萨听后慈悲地告诉成孝，让他在家放心地养病，自己去赵高家让他放人。

后来观音菩萨便又施法救出了何莲，惩治了赵高。成孝和何莲最终走到了一起。

没过多久成孝的事传遍了整个扬州，当地的人们为了报答观音菩萨救苦救难之恩，便在进香河边盖了一座莲花庵，又在庵的西北造了一座大桥，以方便香客到庵中进香供奉菩萨。

人们在建造大桥时，成孝还特意将桥设计成一朵盛开的莲花。一是因为自己喜爱的姑娘名叫何莲；二是因为观音菩萨也是乘坐莲花宝座来救自己的，而且建造的地点也恰好是在莲花堤上，所以称此桥为"莲花桥"。

又因桥上建有五个亭，莲花桥又称"五亭桥"。这样的一段佳话再配以这样的美景，迅速让五亭桥成了整个扬州城的标志性建筑。

古桥天姿

千姿百态的古桥艺术

阅读链接

关于五亭桥的名称的来历还有一段故事。

有一次乾隆南巡到此曾感叹它像琼岛春阴之景，由此就点出了该桥是借鉴北京北海之景。

其实莲花桥的确受北海五龙亭的影响很深，五亭皆绿琉璃瓦顶，亭与亭之间有石梁相连，婉转若游龙。另龙泽、滋香、浮翠亭有单孔石桥与石岸相接，珠栏画栋，照耀涟漪。所以人们也称它为"五亭桥"。

"中国月亮城"的美誉

　　五亭桥修建于莲花堤上，1757年巡盐御史高恒及扬州盐商为迎奉乾隆帝而建，是因为建于莲花堤上，所以它又叫"莲花桥"。

　　五亭桥据说是仿北京北海的五龙亭和"十七孔桥"而建的。上面有五个亭子，挺拔秀丽的风亭就像五朵冉冉出水的莲花。

五亭桥风光

■ 五亭桥侧面

杜牧（803—852），字牧之，号樊川居士，汉族，京兆万年人，今陕西西安人，唐代诗人。杜牧人称"小杜"，以区别于杜甫。并且与李商隐并称为"小李杜"。因晚年居长安南樊川别墅，故后世称他为"杜樊川"。他著有《樊川文集》。

五亭桥的桥墩由12大块青石砌成，形成厚重有力的"工"字形桥基。

五亭桥的桥身呈拱券形，并由三种不同的券洞联系，桥孔共有15个，中心桥孔最大，跨度为7.13米，呈大的半圆形，直贯东西，旁边12个桥孔布置在桥础三面，可通南北，也呈小的半圆形，桥阶洞则为扇形，可通东西。

正面望去，连同倒影，形成五孔，大小不一，形状各殊，这样就在厚重的桥基上，安排了空灵的拱券。

五亭桥受北海五龙亭的影响很深。五龙亭的五亭是临水而建的，中间的亭叫"泽龙"，重檐下方上圆，象征天圆地方。

五亭桥的西侧是涌瑞、浮翠，它们都是方形单檐的设计。五亭桥的东侧是澄祥、滋香，而它们都是方形重檐的设计。

五亭桥的亭上有宝顶，亭内绘有天花，亭外挂着风铃。下面又建了四段桥梁像是桥的翅膀。五亭皆绿琉璃瓦顶，亭与亭之间由石梁相连，婉转地像游龙一般，倒映在水里泛出涟漪。

五亭桥的造型美观，黄瓦朱柱，配以白色栏杆，亭内彩绘藻井，富丽堂皇。

如果把瘦西湖比作一个婀娜多姿的少女，那么五亭桥就是少女身上那条华美的腰带。

《望江南百调》中写道：

扬州好，高跨五亭桥，面面清波涵月影，头头空洞过云桡，夜听玉人萧。

站在五亭桥上向东看，远处的湖光水色就是一幅典型的江南山水图景。五亭桥，联系了东方独具的刚柔之美，具有独特的历史意义，也是让人们铭记的原因之一。

唐代杜牧的诗中有："青山隐隐水迢迢，秋尽江南草木凋，二十四桥明月夜，玉人何处教吹箫"之句。

■ 五亭桥美景

五亭桥的桥下纵横大小15个桥洞，船只出入，别有一番风味。每当月圆之夜，每个桥洞各衔一月，月亮倒映在湖中，宛如仙境。

相传，农历八月十五的夜晚，划船到五亭桥下，在五亭桥下的15个桥洞里每个都可见到一轮圆月。也有人说，站在五亭桥不远处的小金山里，在月圆之夜朝五亭桥望去，可以看到16个月亮，水中15个，天上一个。

这些都从另外一个侧面反映了扬州人造桥艺术的高超。

《扬州画舫录》中有这样一段记载：

> 每当清风月满之时，每洞各衔一月。金色荡漾，众月争辉，莫可名状。

"天下三分明月夜，二分无赖是扬州。"扬州城因此有着"中国月亮城"的美誉。

阅读链接

瘦西湖位于扬州西北郊，它原来是一段自然河道，经过历代的疏浚治理，建造园林，逐步发展而成。

而五亭桥更被称作是瘦西湖这幅画卷的神来之笔。

相传瘦西湖原来叫"保障河"。在清代乾隆年间，当时有位叫汪沆的诗人，写了一首咏扬州保障河的诗："垂杨不断接残芜，雁齿虹桥俨画图。也是销金一锅子，故应唤作瘦西湖。"

从此，瘦西湖这个名字就驰名于世了。"天下西湖，三十有六"，而以"瘦西湖"命名的唯扬州有之。

河北省遵化县五音桥修建于1661年至1664年。五音桥桥全长110.60米，宽9.10米，桥上有石望柱128根，抱鼓石四块。

五音桥是一座能发出音响的建筑物。五音桥两边安设有方解石栏板126块，每块栏板的形状和大小相同，如果用石块顺着敲击，会发出不同的声音，包括古代声乐中宫、商、角、徵、羽五音，故称"五音桥"。

"七孔五音桥"是清代东陵顺治皇帝的陵区里，近百座石桥之中最大、最奇特、最神秘而有趣的一座桥梁。

五音桥

鲁班助奚何建五音桥

那是清代顺治皇帝福临在晚年病入膏肓的时候，皇室纷纷议论着要为他建造一座陵墓。

更是有善于奉承谄媚的宦官奏请说："皇上您既然这么笃信佛

■ 清东陵七孔五音桥

教，爱听清音，何不在陵区建造一座能够发出不同音响的大型石桥，一来的话可慰藉先皇之灵于地下；二来的话还可以建造风景于人间，还希望您能看到我的忠心和诚孝之心，请采纳我的方案。"

福临觉得有理，很快就将此事通报给了母后孝庄皇太后，孝庄皇太后也感到这样的建造一来可以彰显福临的忠孝；二来可以在人们面前树立皇家的威信，便同意了大桥的建造。

就这样，这座神秘、奇怪的大桥便开始在民间招募大量的能工巧匠来开始建造。

经过层层筛选以后，福临皇帝最后把这项艰巨的任务交到了有神工巧匠之称的一位老石匠奚何的肩上。

奚何说："建一座七孔长桥已非易事，再使石桥会弹奏音乐更不是一件简单的事了。"

奚何自从揽下这份差事便整日苦思冥想，坐立不安。眼看离开建大桥的日子越来越接近了，奚何还是

孝庄皇太后

（1613—1688），顺治帝即位后，与其姑孝端文皇后两宫并尊，称"圣母皇太后"。是我国历史上有名的贤后，一生培养、辅佐顺治、康熙两代君主，是清代初期杰出的女政治家。

鲁班 生活在春秋末期至战国初期，出身于世代工匠家庭，从小跟随家里人参加土木建筑工程，积累了丰富实践经验。是我国古代出色的发明家，他的名字和他的故事，一直在广大人民群众中流传。我国土木工匠们都尊称他为"祖师"。

觉得自己在建造此桥方面没有任何的进展。最后甚至开始茶饭不进，夜不能眠。

一天，他正在工棚打盹，忽然听见外面有个童子喊道："奚师傅，快快前来拜见鲁班祖师！"

奚何猛一抬头，一看面前是一位身着古装、足穿麻鞋、手握竹尺的长者，这不正是祖师爷神匠鲁班吗？奚何睁大眼睛看了又看，并连忙躬身作揖道："弟子拜见祖师爷，还请仙人为在下修桥一事指点迷津。"

鲁班笑道："你的心思我早已经知道了，请先跟我来市场看一下热闹吧！"

说着鲁班便带着奚何来到一个广场上。这时只看

■ 五音桥全景

见七八个叫花子正在击碗逗乐，载歌载舞地嬉戏。

奚何看到这七八个叫花子站的站，坐的坐，看上去好像是七上八下，杂乱无章，但是他们发出来的音响却有板有眼，宛转悠扬。正当奚何在如痴如醉之时，鲁班又叫他仔细观看这些叫花子所敲击的碗。

奚何这才定睛一看，原来那些碗有大有小，有粗有细，有厚有薄，有重有轻，有残有整。

奚何看到这里，突然一拍脑门，大声叫道："谢谢祖师爷，我明白了！"突然一下，奚何被惊醒了，睁开眼来才发现这里哪有什么祖师爷、叫花子啊，原来是自己坐在长椅上睡着了，做的一个梦。

奚何玩味着刚刚所梦到的事，越发觉得是鲁班师

傅的托梦点化，当即找来许多石片，反复敲击，发现它们都能发出声音，而且其中有一种名叫"方解石"的，它所发出的声音最为清脆。

于是，奚何便很快舍弃了其他的石料，专门挑轻重不同的方解石片试着敲打。奚何发现敲击不同厚度的方解石，它们所发出来的声响是有很大差异的，有的如钟如磬，有的如瑟如琴。

奚何便精心挑选了轻重不同而体积相同的方解石，打磨成一块块桥栏，装置在桥上。果然如此，大桥变成了一个音律的共鸣体。每块栏板的形状和大小虽然相同，但是内置的方解石的厚度却不一样，如果顺着敲击，便会发出不同的声音，是一座能发出音响的建筑物。

最后顺治皇帝奖赏了这位神匠奚何，五音桥上正好是五种不同的石片组成，手击石栏便发出宫商角徵羽五音韵律，所以后来待大桥建成，人们称它为"五音桥"。

五音桥上的方解石中含有50%左右的铁质，所以一经敲击，便能叮咚有声，而含铁量之多少，又有抑扬顿挫之区分。由敲碗联系到击石，都体现了一定的科学性。

古桥天姿

千姿百态的古桥艺术

阅读链接

清代东陵陵区山泉四溢，清溪纵横，筑有便桥、平桥、拱桥近百座，座座雕栏玉砌，银月金环。

其中有一座七孔汉白玉石桥，更有独到之处，此桥长100米，宽10米，两侧樟桩62根，如玉虹垂挂，银月悬空。

游人登桥，手击石栏，便发金钟银铃般的响声，似弹琴鼓瑟、击磬敲钟。琴桥之说不胫而走，国内的红男绿女，及海外宾客，慕名览胜者，纷至沓来，络绎不绝。这就是五音桥。

文人骚客称赞构建之美

　　祖师爷鲁班托梦之说，不过是奚师傅的假托，反映了他过人的聪明才智和高超的造桥艺术。

　　五音桥位于河北省东陵顺治帝孝陵神道，在我国最后一个封建王朝的陵地清东陵园区，是由福临帝开始筹建而成的。

■清东陵

■ 东陵裕陵隆恩殿

> **抱鼓石** 一般是指位于宅门入口、形似圆鼓的两块人工雕琢的石制构件，因为它有一个犹如抱鼓的形态承托于石座之上，故此得名。是宅门"非贵即富"的门第符号，是最能标志屋主等级差别和身份地位的装饰艺术小品。

陵园从各陵寝的建筑用材做工、装饰配置等方面，处处对应了清代的经济由盛到衰的历史，从艺术作品选用的题材中，深刻反映了清代文化的风貌。

五音桥正是在这一背景下，由能工巧匠建造而成。五音桥周围建筑群气势磅礴，巍峨肃穆。五音桥恰似玉虹垂落，宏伟秀丽。

五音桥全长110.60米，宽9.10米，桥上有石望柱128根，抱鼓石四块，两边安设有方解石栏板126块，每块栏板的形状和大小相同，如果用石块顺着敲击，会发出不同的声音，是一座能发出音响的建筑物。

当击打的石栏板方位不同时，就会发出不同的声响，会听到五种如金玉般的响声音阶，有的低沉浑厚，如钟鸣；有的清脆悠扬，仿佛是轻敲木鱼之状，悦耳动听。

五音桥所用石料也是非常独特的，桥身除用汉白玉石材拱砌之外，能发出音响的栏板，是使用质地洁白细腻的方解石，因此能够发出响声。

五音桥自建成之日起就引来无数文人墨客，前来作诗作赋献礼。其中对联成了称颂五音桥的主流。我们就从这些联语感受一下五音桥的美吧！

联语写道：

> 鹊叫莺歌栏奏乐；
> 山青水碧板镀银。

上联写音响：把五音桥比作歌舞厅，把桥栏比作钢琴。桥四周的喜鹊"喳喳"叫，黄莺轻轻歌唱，钢琴伴奏，百鸟和鸣，俨然是一个人间天堂，充分反映桥能发出各种音响的特色。

下联写色彩：将桥置于青山环抱、绿水萦回的境

■ 五音桥桥墩

界，而整座桥，包括桥板在内，都是用汉白玉砌造而成，像镀了银似的，晶莹透亮，洁白无瑕，这说明景区是一个五彩缤纷的世界。

联语以色对声，绘声绘色，让人觉得悦目赏心。

联语写道：

> 悦耳听五音，奢侈皇陵何安韵；
> 赏心观七孔，勤劳工匠自造型。

上联写音响是"悦耳听五音"，写游人登桥击栏，即能听到轻重疾徐的音乐之声，熨肺舒心，好不痛快，反映音响之和谐、韵律之优美。

"奢侈皇陵"写为一个死人造一座五音桥，要花多少银两，要费多少劳力，奢侈浮华，徒劳无益，谴责了"孤家寡人"，一锤重击，大快人心。

"何安韵"有两层意思：

一是问如此似钟似琴之桥出自何人之手，不言而喻，这是赞扬五音桥的设计和施工人员；二是说为一个死人建造一座有音响装置的桥梁，怕是不合适吧，因而贬之以"奢侈"。

下联写孔洞是"赏心观七孔"，是说这座七轮明月、倒影成双、玉带一般的桥梁，对于游人来说，是一种美的享受，叫人心旷神怡。

"自造型"，说游人看到这座造型优美、通行畅通、音响和谐的桥梁，不禁联想到那些造桥工匠，这些普普通通的劳动者不知经历了多少酸甜苦辣，遭遇了多少雨雪风霜，耗费了多少血汗精神，才架起了这座富有观赏性的桥梁，所以用"勤劳"来褒扬劳动者的精神。

联语写道：

不时击磬敲钟，誉满中华，喜听宫商角徵羽；
随处招蜂惹蝶，名驰世界，恭迎亚美澳欧非。

■ 清东陵孝陵龙凤门

磬 是古代石制的一种打击乐器。磬起源于某种片状石制劳动工具，其形有多种变化，质地也有了玉制、铜制的磬。磬，最早用于先民的乐舞活动，后来用于历代帝王、上层统治者的殿堂宴享、宗庙祭祀、朝聘礼仪活动中的乐队演奏，成为象征其身份地位的"礼器"。

联语盛赞石桥。上联云桥能发出音响："不时击磬敲钟"，说只要游人敲击石栏，即能发出钟磬之声，如奏乐一般，铿锵远播，清脆近闻。"宫商角徵羽"，古代的五音，近似于简谱中的1、2、3、4、5……，泛指和谐的音乐。

五音的节律用在此处用来既暗示了桥名，又明确指出桥的特色。桥能奏乐，九州四海唯此一处，是为中华一绝，为国人所赞颂，所以是"誉满中华"。

下联写桥能引人入胜："随处招蜂惹蝶"，即景区的任何一处都吸引游人。景区如花一样美，如蜜一样甜，招惹来许许多多蜜蜂蝴蝶，比喻众多游客蜂拥而来，其中有"亚美澳欧非"等各大洲的游人。

既迎来各地的贵客高朋，反映陵区景色之宜人、桥栏音响之悦耳。

上下联首句概述，末句描述，首尾呼应，相得

■ 清东陵石桥

益彰。上联写琴桥为一绝，是为因，下联写游人翩然 ■ 清东陵大红门
而至，是为果，上因下果，联系紧密，共同盛赞五音
桥，突出了主题。

联语写道：

> 听乐曲桥头，似丝似竹似磬似钟，疑是
> 深山藏古刹；
>
> 闻心声河畔，如怨如慕如泣如诉，莫非
> 近水泊孤舟。

上联写景，说的是游人登临桥头听到悠扬婉转的
管弦钟磬之声，不禁生疑。这美妙的乐曲从何而来，
难道是深山老林中隐藏了一座古刹，是那里的老僧沙
弥在做佛事、演道场，因为一般桥梁怎么也不会有如
此绝唱，从侧面反映了石桥构造之精巧、音响装置
之高超。

五音 指的是宫、
商、角、徵、
羽。因此五音也
代指汉语的发
音。在汉代，五
音配以五行对应
了土金水木火以
及中西北东南。
在汉语音韵学
中，五音代指汉
语声母的调音位
置和调音方法，
包括唇音、舌
音、齿音、牙
音、喉音。

■ 清东陵皇家陵墓群

下联抒情：说的是游人听到来自河畔的哀怨之声，从这里联想到在近水之处停泊了一叶孤舟，这怨语哀声可能就是舟中寡妇所排遣出来的满腹哀伤。这与白居易的长诗《琵琶行》有异曲同工之感。

这些千钧字句，对骄奢无度的帝王后妃是一个有力的鞭笞，对在痛苦中呻吟的劳动人民则寄予无限同情。

联语引用名人名篇名、句切景切情，河山为之增色，联语更加深沉。联语写景抒情，爱憎分明，是一副楹联，也是一首抒情诗歌。

由此可见，五音桥周围不仅荟萃了清代建筑艺术精华的清东陵，同时它的构造也达到了我国古代建筑艺术的顶峰。

阅读链接

有一位清代书生想来五音桥看个究竟，便去五音桥上观光，当他依次击打桥上的石栏板，这时就会发出不同的声响，有的低沉浑厚，有的清脆悠扬。

书生便向看神道的一位老人请教五音桥"叮当"响的奥妙。

老人热情地解释说："古桥栏杆、栏桩选用的石料叫方解石，含有铁质，才'叮咚'作响。当年建桥时，工匠们根据每块石料的含铁量，按我国古代音律宫、商、角、徵、羽五音组成，所以这七孔桥又称'五音桥'"。

最古铁索桥算是盘江铁索桥、四川泸县的铁索桥和关江花江铁索桥。

盘江铁索桥修建于1631年，由贵州按察使朱家民倡议建铁索桥，便铸了大铁链数十条横贯于两岸岩石间。

泸定桥位于四川省西部的大渡河上，是一座由清代康熙帝御批建造的悬索桥。泸定桥开始修建于1705年9月，于1706年4月建成。铁索桥又名"泸定桥"。

花江铁索桥位于安顺关岭的北盘江上，古为黔滇交通枢纽。此桥扣挂两山之间，由14根铁链串缀而成，每根由262个环链组成。

最古跨江桥

铁索桥

铁索桥的建造传奇

铁索桥景色

在很早的时候，在四川泸县大渡河这个地方，藏族和汉族的人们经常将货物运到大渡河的对岸进行贸易，但那时渡口没有桥，全靠渡船或通过撞来转渡。

一旦不能及时渡河，大渡河两岸经常货物堆积如山，一些鲜活食品，因无法过河而腐烂，而且后来人来人往的商人也越来越多，这里一度形成了梗阻。

1705年，康熙皇帝为了解决通往藏区道路上的梗

■ 泸定桥远景

阻，随即招来泸县县令，并下令在大渡河上修建一座桥梁。因为渡河之上到处都是悬崖峭壁，无法修建石桥。所以能工善建者建议，在这个地方修建一座铁索大桥。

建筑的工匠们便筑造了13根碗口粗的铁链，准备架于桥上，每根铁链的重量约为2.5吨，由890个扁环左右扣联在一起。

但是在这样一个高崖之上，下面又是波涛汹涌的大渡河，怎样把这么沉重的铁链拉过河铺成铁索桥呢？工匠们个个都感到很为难。

其实在修建此桥时，四川泸定周边的荥经、汉源、天全等县的能工巧匠都云集在这里，一起商量牵链渡江的方法。

几十个工匠想了三天三夜，最后采用了索渡的原理，即以粗竹索系于两岸，每根竹索上穿有十多个短

撞　是原始渡河工具，即指溜索。用两条或一条绳索，分别系于河流两岸的树木或其他固定物上。一头高，一头低，形成高低倾斜。溜索不仅可以溜渡人，而且还可以溜渡货物、牲畜等。

■ 泸定铁索桥

碑记 又称"碑志"，是古代文体的一种。碑记一般是指刻在墓碑上，用于叙述死者生前的事迹，评价、歌颂死者功德的碑文。碑指碑铭，志指墓志铭。

竹筒 由生活器具演变而来。流行于云南省思茅地区、西双版纳傣族自治州和红河哈尼族彝族自治州等地。指用竹筒为器皿，再经烤、烧、蒸、炖等将食物致熟的烹调方法。

竹筒，再把铁链系在竹筒上，然后从对岸拉动原已拴好在竹筒上的绳索，如此般巧妙地把竹筒连带铁链拉到了对岸。

后来工匠们又在铁链之上铺木板形成桥面，桥之两侧各悬两根铁链作为扶栏。桥的两端，各有一座20米高的桥台，内置若干铁桩，13根铁链铆定其上。桥台自重作为压重，承受铁索的巨大压力。

大桥的桥西桥头堡的地下，也是这座铁索大桥的关键部位所在。桥头堡的基面以下是落井，埋有生铁铸造的地龙桩和卧龙桩，并以铁链锚固。地龙桩铸有的重量有九吨，也正是由它才能撑起了这座桥。

大桥东西两端分别铸有铁牛、铁蜈蚣，表达了人们镇服"水妖"、铁桥永固的美好愿望。

经过一年的修建，大桥于建成使用了。

因为那个时候大渡河被称为"沫水"，可是康熙皇帝误以为是"泸水"，然后当时也是在国内刚刚平复了一场风波，所以有平定之意，于是就决定取名"泸定河"。

而且康熙皇帝在大桥建成后，来此桥参观，在桥上御笔亲书"泸定桥"三个大字，并立碑于桥头，上面题有碑记。

建成后的泸定桥全长103.67米，宽3米，桥面距枯水位14.5米，由桥身、桥台、桥亭三部分组成。全桥共用铁索链13根，其中九根用作承重底索，上覆横纵木板作为桥面，可通行人、畜；四根用作扶手，布置在桥面两侧。

泸定桥的桥身由13根铁链共有12164个铁环相扣。由于泸定桥全身是用铁索架构而成，故又称为"铁索桥"。

■ 泸定铁索桥

徐霞客（1587—1641），他的父亲徐有勉一生不愿为官，也不愿同权势交往，喜欢到处游览欣赏山水景观。徐霞客幼年受父亲影响，喜爱读历史、地理和探险、游记之类的书籍。他是古代著名的地理学家、旅行家和探险家，著有《徐霞客游记》。被称为"千古奇人"。

泸定桥建成后便成为连接藏汉交通的纽带，泸县也因此而得名。因此，泸定桥位于四川西部的大渡河上，唯一由清代康熙帝御批建造的悬索桥。

像泸定桥这样蔚为大观的独特风貌也是我国所独有的，它被称为古代历史上最古老的铁索桥。

其实在盘锦还有着一座年代比泸定桥更古老的铁索桥，也叫"盘江铁索桥"。在盘锦，此桥是建在关岭、晴隆二县交界的北盘江渡口。两峰夹峙，一水中绝，断崖千尺，壁立如削。

北盘江是古代由黔入滇的必经之处。东西两岸相距约80米，水流急湍。于是在1631年，贵州按察使朱家民倡议建铁索桥，便铸了大铁链数十条横贯于两岸岩石间。

然后在铁索桥的铁索上面横铺了两层木板，厚约0.27米，阔约3米。两边架设高约3米的网状链条护栏，桥头附有方便行旅休息、避雨的楼塆设施。

■ 铁索桥

铁索桥桥面

据明代奇人徐霞客描绘，称盘江铁索桥是："望之缥缈，然践之则屹然不动。日过牛马百群，皆负重而趋。"

盘江铁索桥在清朝曾多次修建，在河岸伐了大的木材来修铺于铁索上，两边还用巨石来稳固铁索。后来人们称它为"千寻金锁横银汉，百尺丹楼跨彩凤"的黔中胜迹。

盘江铁索桥从建筑规模，以及建筑的耐久性、实用性，以及周围环境的奇险上都是无法和泸定桥相媲美的。

阅读链接

据说在清代康熙年间，四川泸定住着一位藏族大力士名叫噶达。这位藏族大力士力大无比，因而远近闻名。相传修桥的时候，13根铁链无法牵到对岸，用了许多方法都失败了。

有一天，来了一位自称噶达的藏族大力士，两腋各夹一根铁链乘船渡过西岸安装，当他运完13根铁链后，因过于劳累不幸死去。

因此，当地人们在泸定桥畔修建了噶达庙，以纪念这位修桥的英雄。

贵州关岭花江铁索桥

　　在黔滇、黔桂驿道上，远近商贾络绎不绝，各路兵家相争不断。古时，曾有人在此设置渡口，用木船摆渡，但因水急浪大，经常使渡江行人船翻人亡。

■怒江铁索桥

■ 贵州铁索桥

　　在河道奇险，水流湍急的北盘江上，历史上曾建造了不少大大小小结构不同、姿态各异的桥梁。但是，位于贞丰县东北与关岭县交界处的花江铁索桥，却以其独特的造型闻名遐迩。

　　其实在明代，官府曾多次在贵州的北盘江架桥，桥未建成即被洪水冲垮。

　　清朝光绪中叶，蒋宗汉倡请贵州巡抚崧藩筹款补修盘江铁索桥，但是没有得到应允。至1895年，蒋宗汉又上奏贵州巡抚崧藩，请求筹款修花江桥，并会同济公盐号筹款。

　　据《安顺府志》《永宁州志》等记载，1898年，开始在北盘江上修建石桥，多次被洪水冲垮。

　　直至1900年，便改建铁索桥，与同年4月才建成，取名为"花江铁索桥"。

　　花江铁索桥宽3米，桥长72米，高70多米。它由14根粗大的铁链串缀而成，每根由262个环链组成。

蒋宗汉（1836—1898），官至参将，腾越厅总兵，贵州提督。1876年，投资10万，修建花江铁索桥。蒋宗汉修桥属私人出资，工程巨大，共历时五年，这不能不说明蒋氏建桥的决心。

映秀铁索桥

铁链拴在两岸人工凿成的石孔内，上铺木枋数百块作为桥面。扶栏由22根铁链组成，拴在两岸石孔内。

蒋宗汉在建成大桥后，又在距铁索桥400米处古道旁建普陀真境庙，塑普陀像一尊，龙王神一尊，山神像一尊，石雕龙一对。后人为了纪念蒋宗汉修铁索桥的功绩，在桥北至七口碑处的悬崖绝壁脚下一天然石窨内，刻有蒋宗汉军门的石像一尊。石窨口刻有篆书："炳堂蒋军门行乐图"，窨下崖头刻"万缘桥"三个字。

桥南岸古驿道旁有不少摩崖石刻，有"虹飞""华江桥""功成不朽""屹然大观"等32处。桥南岸30米处一崖壁上楷书阴刻监修分工及详细情况。

花江铁索桥像一道倒挂的长虹，横卧在北盘江两岸的悬崖峭壁之间，上托青天一带，下吻浪花万朵，堪称花江大峡谷的一个奇观。花江铁索桥也是我国著名的遗存不多的古铁索桥之一。

阅读链接　　关于花江铁索桥名字的由来有个美丽的传说，据说过去在北盘江流经的这一带山崖上，花木繁茂。每逢花开时节，百花耀眼，各色花瓣随风纷纷飘坠江面，澄碧江流变得绚丽多彩。

因此，人们便把北盘江的这一江段称之为"花江"。横跨过里的铁索桥，自然也就叫"花江铁索桥"了。

我国各地有许多桥梁都取名为"玉带桥"。最早的是江苏省无锡宜兴玉带桥，然而最著名的玉带桥却坐落在北京颐和园昆明湖长堤上的玉带桥。

颐和园内的玉带桥也是各地之首，最著名的一座。此桥建于1736年至1795年。

另外一座是江西信丰玉带桥，它位于信丰虎山隘高至龙洲的虎山河上，建于清代，构造独特，它的弧形如玉带飞跨于滔滔激流之上，崇山峻岭之中。

此外，江苏宜兴市的玉带桥位于善卷镇的双祝河上，也有一座著名的"玉带桥"。

长虹卧波

玉带桥

双祝河东坡造桥记

传说金山方丈佛印与宋代著名文学家苏东坡是老相识。

1074年3月的一天，佛印陪苏东坡在山中漫步，走到白龙洞前，北望长江，江天一色，佛印连呼："好景致，好景致！"

苏东坡索性宽衣解带，引吭高歌，手舞足蹈起来。正在他得意之时，"扑通"一声，玉带掉入了水中。这时，苏东坡急了，"这么有

■ 颐和园玉带桥

■ 静心斋小玉带桥

内涵，这么有品位的玉带怎么能这么没了呢？"

佛印也急了，连忙脱掉僧鞋袈裟，跳下水去捞玉带上来，并归还苏东坡。就这么个事，让佛印对这么有内涵，这么有品位的玉带可谓是恋恋不舍。

后来有一天，苏东坡要到杭州赴任途经润州，就顺便上金山找老相识佛印。

当他见到佛印时，佛印正在准备为众僧说法，苏东坡来到方丈的房间，尚未站定，佛印笑着对苏东坡开玩笑地说："从何处来？此间无坐处。"

苏东坡便随即用禅宗之语答道："暂借和尚四大，用作禅床。"

佛印一听，苏东坡用起佛经典故了，笑道："山僧有一问，学士答得出，即请从；否则，就将你身上的玉带留下，作为镇山之宝，如何？"

苏东坡心想：佛印是有心在考我了，我是出了名的大才子，不会被你难倒的，可以，一言为定。

佛印笑着不紧不慢地问："出家人四大皆空，五

苏东坡（1037—1101），真实姓名苏轼，北宋文学家、书画家。字子瞻，号东坡居士。一生仕途坎坷，学识渊博，天资极高，诗文书画皆精。其文汪洋恣肆，明白畅达，与欧阳修并称欧苏，为"唐宋八大家"之一。著有《苏东坡全集》和《东坡乐府》等。

玉带桥风光

蕴非有，请问先生何处坐呀？"

"四大"即地大、水大、火大、风大，佛教认为是构成物质的四大元素；"五蕴"即色蕴、受蕴、想蕴、行蕴、识蕴，是构成人身的五种元素。

"四大皆空，五蕴非有，不是一无所有，空空如也么，何座之有！"佛印这一问，倒把自恃聪明的苏东坡问住了。他一时想不出对策，只好把玉带输给了佛印，玉带也就成了"永镇山门"的宝物。

佛印得了玉带后，经常有人前来观赏，看的人多了，唯恐弄坏，于是找来德高望重的乡绅，把自己愿意捐资造桥的想法提出来，并立即解下玉带，作为捐赠。

于是，大家就纷纷募捐筹桥资，并在原玉带落水处，仿照玉带的式样建造了玉带桥，供人观赏。不到半年时间，一座花岗岩的石拱桥，便飞架在祝陵河上，村民们无不称便。为了纪念苏东坡和佛印捐玉带建桥，便把这座桥命名为"玉带桥"。

阅读链接

玉带桥位于宜兴市张渚镇祝陵村，始建于宋，清代重建，东西向，建成后的玉带桥为单孔石拱桥，青石、花岗石混砌。

玉带桥长17米，顶宽3.8米，埠宽4.3米。桥孔净跨5.8米，矢高3.9米。扶栏高0.44米，栏柱顶刻莲花纹。拱内有铭石两块，上面有碑文记载着苏东坡与佛印两人的功绩。

江西信丰的玉带桥

　　1740年，虎山河是水急浪高，像猛虎挡住行人的去处，但是这里又是去广东的必经之路，而在此渡河者经常被水卷走，当地人也被卷走不少，大家感到万般无奈，官府却因为怕花费太多而不管。

■ 丽江古城玉带桥

　　虎山富翁余凤岐夫妇心地善良，每当看到又出人命了，他们便伤心落泪。为造福一方百姓，便利南来北往客商，余凤岐对天承诺倾其全家所有财产，修建大石桥。

　　一时间，整个信丰为之哗然，虎山河两岸顿时热闹喧腾，民工如云，造桥气势蔚然壮观。余凤岐也因为修建玉带桥，成为江西赣南各家各户妇孺皆知的人物。

　　1740年，一个老和尚告诉余凤岐："今年八月十九是开工的黄道吉日，有几只大红鸭子浮起的地方就可以建桥墩。"说完这话，老和尚就不见了。

　　等到那天，河里真的浮起几只红鸭，余凤岐即开工建桥。动工两月，余凤岐耗尽家财，就在这墩石拱桥近乎完成，仅差数百两银子工程便彻底竣工之时，大石桥的工程停了下来。

　　于是余凤岐忍痛把已经五六岁的独生儿子卖了，又叫妻子去四处乞讨，可是即便如此钱财还是不够。

　　余凤岐心想：桥建了是不能停工的，否则来年春天大水冲来就将前功尽弃。正在余凤岐心急如焚、一筹莫展之时，老和尚又飘然而至，告诉余凤岐要想把桥建好，必须"苦行"。

于是余凤岐将一付几十千克重的枷锁背在身上，三步一跪、五步一拜，来到离此不远的隘高古城。这里的人过着优雅的生活，对乡下人的事不闻不问。精诚所至金石为开，隘高人被余凤岐的精神感动，纷纷捐款捐物。

而且幸运的是，余凤岐的事被隘高古城一个好心的寡妇知晓，非常感动，愿意倾其所有家产，付给余凤岐剩余银两，并送余凤岐回到了修桥工地。

大桥竣工了，可是余凤岐却因积劳成疾去世了，上天感其善行，让他投胎到南安府戴员外家。

然而，他一生下来就昼夜啼哭，家人如何哄劝都无济于事。当一个讨饭婆来到戴员外家乞讨时，他一见讨饭婆却转哭为笑，员外便把这女人留下来抚养他。

他从小天资聪慧，勤奋好学，18岁便高中状元。

后来，民间为纪念他带头修桥的功德，将桥命名为

状元 在封建社会中，科举考试的最高一级选拔出来的或者经皇帝认定的第一名。自古以来，在漫长的历史中存在着文治武功。人们习惯于一方面"以文教佐天下"，也就是教化民众，维护社会太平；此外，"以武功戡祸乱"，也就是保护国家安定，巩固国家政权。一文一武，相得益彰，有文状元和武状元之分。

113

长虹卧波

玉带桥

■ 玉带桥景致

客家 客家人始于秦征岭南融合百越时期，历经西晋永嘉之乱、东晋五胡乱华，中原汉族大举南迁，大部分到达广东、福建、江西等地，与南方百越群体互通婚姻，经过千年演化，在南宋时期形成了相对稳定的客家民系。

"余带桥""凤岐桥"。因为余带没有多少文学色彩，而且凤岐又难写难认，恰好此桥又有如玉带飘然于水上，同时谐音，所以最后大家都称为"玉带桥"。当然这只是一个神话故事。但也体现了桥梁建设在古代确非易事。

建好后的玉带桥为两墩三孔屋楼式拱桥，两墩立于急转直下的激流之中，其一紧靠河岸，护住河堤，其一形如驳船，高出水面5.7米，拱跨14.3米。

玉带桥桥面宽3.8米，用小乱石铺平，上建高3.2米的廊屋，廊屋为木石结构，分为32间，两端各建4.2米高的瓦房桥头堡。

桥面中建成了一间4.6米高的凉亭兼神庙，其长5.1米，宽3.8米，凉亭内分前厅和后殿，供人歇息。

凉亭内东西上方各书"神泽汪洋，龙驾远波"八个字，左右两根石柱上分别刻有"功高德大固桥是赖圣与神，海阔江深登岸不须舟与楫"的对联，桥面边

■ 玉带桥

■ 玉带桥建筑

沿还刻有1.2米高的矮墙代替扶栏望栏。

这圣，无疑是余凤岐，这神，则是百姓大众。至于后来有神相助，天上飘下了玉带于虎山河上而成玉带桥的说法，皆为神话传说。此外还传说，有后人在寡妇的后代家中见过镣铐。镣铐依旧，锃亮如新，真仿佛有一种精神气融盈于其中。

信丰玉带桥，位于信丰虎山隘高至龙洲的虎山河上，构造独特，它的弧形如玉带飞跨于滔滔激流之上，崇山峻岭之中。玉带桥的桥墩有三孔，呈层楼式的形状。

玉带桥是一座充满了神奇与故事的石桥，它历时近400年，却依然坚固如初，不知道有多少客家前辈踏访过它，有多少捐客在玉带桥休息过，又有多少香客在桥中间的神庙前烧过香，又有多少路人聆听过余凤岐乞讨银子修桥的故事……

阅读链接

据县志记载，玉带桥是古时信丰通往广东兴宁、和平的交通要道。"东有信丰玉带桥、西存大余古驿道"，两处分抵东江与西江，这古桥与雄关双双享誉南赣大地。

桥的那通石碑刻有关于玉带桥的无名古诗："日照玉带水连天，龙虎护佑轿两边。飞虹卧波牵赣粤，商贾如云古道间。"应该是对当时玉带桥上人员繁忙密集的一种写照。

颐和园中的玉带桥

　　北京颐和园内的玉带桥是各地之首，最著名的一座。北京颐和园玉带桥建于1736年至1795年，1875年至1908年期间曾重修过。

　　玉带桥位于北京颐和园昆明湖长堤上。玉带桥的单孔净跨11.38

■ 颐和园玉带桥

米，高7.5米，全部用玉石琢成，桥面是双反向曲线，组成波形线桥型，配有精制白石栏板，显得格外富丽堂皇。

玉带桥的桥身全部都是用汉白玉和青白石砌成。洁白的桥栏望柱上，雕有各式向云中飞翔的仙鹤，雕工精细，形象生动，显示了雕刻工匠们的艺术才能。

玉带桥拱高而薄，形若玉带，弧形的线条十分流畅。半圆的桥洞与水中的倒影，构成一轮透明的圆月，四周桥栏望柱倒影参差，在绸缎般的水面上浮动荡漾，景象十分动人。

玉带桥位于颐和园西堤北段，在昆明湖的西北角。玉带桥是从昆明湖到玉泉山的门户。西堤从北至南共建有六座桥，它们是界湖桥、豳风桥、玉带桥、镜桥、练桥和柳桥。而玉带桥是其中最为别致、最具风格的一座，它是颐和园亮丽的一景。

玉带桥是"西堤六桥"中唯一的高拱石桥，乾隆皇帝在位的时候，从颐和园走水路去静明园也就是后来的玉泉山，每次都要过玉带桥。乾隆皇帝的"昆明喜龙船"长40多米，上建楼台，其他的桥洞不高是过不去的。

■ 颐和园玉带桥

玉带桥的桥拱高出水面10米有余，大小和昆明湖南端的绣漪桥相似。在"西堤六桥"中，其他五座桥都是上有古式亭楼下有穿堂的石桥，唯独玉带桥是座白色的高拱石桥。

据说皇帝喜爱玉带桥，不仅是因为玉带桥交通方便，还因为它造型玲珑秀美。

玉带桥的桥拱呈蛋尖形，看起来特别高耸，好像一条玉带。此桥旧名"穹桥"，俗称"驼峰桥"，均以形象命名。玉带桥的造型具有长江三角洲地区石拱桥的风格，以纤秀挺拔，轻巧为其之特色。

玉带桥是用汉白玉和青石砌成的，净跨径11.38米，高7.5米。设计者匠心独运，在拱桥两端加上反向曲线，构成波状线形，给人一种动态的美感。

玉带桥造型优美，远近闻名。在颐和园内的昆明湖畔，洁白的石桥凌空隆起，恰似驼峰高耸，玉带飘扬。玉带桥跟宫阙的红墙、长堤的翠柳、背后青山上的宝塔，相互辉映，形成一幅绝妙的丹青图画。

阅读链接

山东省的济宁城内有18座桥，清平桥、玉带桥、玉堂桥、草桥、南门桥……微雨蒙蒙的夜里，沿阶而下，站在那一带水旁，但见两边的墙砌得很整齐，桥上、河边的灯整整齐齐地排过去，跟两岸闪烁着的招牌呼应着。

济宁玉带桥是济宁运河上的一座美丽的小桥，站在桥上可以远眺，玉带桥是人们心中的故乡桥。

济宁玉带桥的四周全是一些仿江南的古建筑，颇有风韵。再加上玉带桥地下潺潺的流水声，简直美不胜收。

我国有两座著名的"十七孔桥"。一座位于北京颐和园的昆明湖上，另一座是在云南省的建水。

北京颐和园中的"十七孔桥"是1736年至1795年所建，工程浩大，历经10多年建成。这座"十七孔桥"是北京颐和园昆明湖上连接东岸与南湖岛的一座长桥。它也是北京颐和园内最大的一座石桥梁。

云南省建水的"十七孔桥"初建为3孔，名双龙桥，后来于1839年重建14孔。

两者的相似之处是都因桥身有17个桥孔，故名为"十七孔桥"。

独特之美

十七孔桥

鲁班助建十七孔桥

在颐和园有一座最大的桥梁叫"十七孔桥"，传说它也是由鲁班爷爷帮助建造的。

传说在乾隆年间修"十七孔桥"的时候，主持修桥的官员请来了

■ 颐和园十七孔桥秋景

■ 颐和园十七孔桥

许多能工巧匠，让他们来修桥。石匠们一斧一凿从房山的大石窝里开采了大量的石料，将他们雕刻成晶莹洁白的汉白玉。然后流着汗水将这些汉白玉，一步一步运到昆明湖边上准备用来筑桥。

有一天，修桥的工地上忽然来了一个七八十岁的老头儿，头发长的过耳根台子，脸上的灰土足有一个铜子厚。他背着工具箱子，一边走一边吆喝："谁买龙门石！谁买龙门石啊！"

工地上的人们看他那肮脏劲儿，都以为他是疯子呢，谁也没搭理他。

老头子在工地上转悠了三天，也吆喝了三天，还是没人理他。

这个老头，背着工具箱离开了工地，往东走到六郎庄一棵大槐树底下，待在这不走了。他夜里就睡在树底下，每天鸡叫头遍便起身，抡起铁锤，"叮叮当当"凿那块龙门石。

汉白玉 是重要的建筑材料。质地坚硬洁白，石体中泛出淡淡水印，俗称"汗线"，故而得名汉白玉。它是一种化合物，基本上它不溶于水。它可存在于以下形态：霰石、方解石、白垩、石灰岩、大理石、石灰华。可于岩石内找到。

时辰 古时候的计时单位。我国古人把一天划分为12个时辰，每个时辰相当于现在的两小时。12个时辰分别以地支为名称，地支共12个字：子、丑、寅、卯、辰、巳、午、未、申、酉、戌、亥，循环使用。从半夜起算，半夜23时至1时是子时，中午11时至13时是午时。

一天傍晚天刚入黑儿，突然就下起了瓢泼大雨，风吹雨打迷得老头睁不开眼睛。他双手抱头，蹲在树底下避雨。

这时恰好村西住的王大爷打这儿路过，见那个老头畏畏缩缩的样子，挺心疼的，就打了个招呼让他搬到自个儿家里来住。

老头子搬到王大爷家，不但有房子住，还管饭吃。他一点都不客气地在这里整整住了一年，也"叮叮当当"一天不停地凿了一年龙门石。

一天早晨，老头子笑嘻嘻地对王大爷说："今天我要走了。我吃你的饭，住你的房，你的恩情我一辈子也忘不了。我也没有什么报答的，就把这块石头留给你吧！"

王大爷瞅了瞅汉白玉的龙门石，对老头说："你

■ 颐和园十七孔桥全景

也别说报答不报答了，为这块石头，你劳累了一年，还是你带走吧！我要它也没有什么用。"

老头子说："我这块石头，真要到节骨眼上，花100两银子还买不到呢！"说完，他便背起自己的工具箱，顺大道往南去了。

有一天，颐和园里修建"十七孔桥"的工程快完工了。听说乾隆皇帝还准备前来"十七孔桥"参观"贺龙门"呢！

没料想到，桥顶正中间最后那块石头，怎么也凿不好！砌不上耽误了时辰，到时可是要龙颜大怒，这罪过可是没人能担待得了。这可急坏了负责工程的官员！

这时候，突然有一位修桥工匠想起了那个卖龙门石的老头子，这一下提醒了这位负责工程的官员，他立即下令派人四面八方去打听老人的下落。

负责工程的官员带着一帮人便四处打探老头子的下落，终于打听到那个老石匠在六郎庄住过，他们便亲自来到了王大爷家里。刚进门

官员便一眼看到窗底下那块龙门石，就蹲下来量了量尺寸，结果是长短薄厚一分不差，就好像专门为修桥琢磨的一样。

官员高兴得合不拢嘴，连忙对王大爷说："这是天上下来神人专为修桥凿的，可救了我的急啦！你张口吧，要多少银子我支付多少。"

王大爷说："你也别多给，那老石匠在我家吃住了一年，你就给我一年的饭钱吧！"

这位官员听王大爷说完，便留下100两银子，就把龙门石运走了。

这块龙门石砌在"十七孔桥"上，不偏不倚，刚刚好，严丝合缝，龙门石合上了！

那些石匠、瓦匠们，人人都吐了一口气：总算把石桥修成了呀！要不然，皇上怪罪下来，还有大伙的活路吗？

正当大伙高兴的时候，其中有一个老石匠忽然醒悟过来，对着大家说："诸位师傅现在应该明白了吧！这就是鲁班爷下界，帮咱们修桥来啦！"

这时大家都议论纷纷，最后人们得出了一个结论，说那个老头子肯定就是鲁班祖师爷的化身。于是，就这样鲁班爷帮助修建"十七孔桥"的故事就流传开了。

古桥天姿

千姿百态的古桥艺术

阅读链接

为什么叫"十七孔桥"，或者说为什么桥身建有十七个桥孔呢？17这个数字并不符合皇权九五之尊的逻辑，它为什么要设计成十七个孔呢？

据说道理就在于：如果桥设计为九孔，那么就会因拱度过大而容易被冲垮或崩塌。想来想去，臣工们最终想到一个两全其美的方法，既不失九五之尊，又不降低桥的质量，那就是设计为十七孔，从桥两边任何一边数起，桥最高处都是在第九个孔上。

颐和园的十七孔桥

  "十七孔桥"是北京颐和园昆明湖上连接东岸与南湖岛的一座长桥。是1736年至1795年所建，当时它的建造工程也是非常巨大的，修建了10多年才建成。它也是北京颐和园内最大的一座石桥梁。

■ 颐和园十七孔桥

石雕 又称"雕刻"，是雕、刻、塑创制方法的总称。它是造型艺术的一种，指用各种可塑材料或可雕、可刻的硬质材料，创造出具有一定空间的可视、可触的艺术形象，借以反映社会生活、表达艺术家的审美感受、审美情感、审美理想的艺术。

■ 颐和园十七孔桥石狮子

"十七孔桥"坐落在宽阔的昆明湖上，整体桥长150米，宽8米，因有十七个桥洞组成而得名，是园内最大的一座石桥。

桥上石雕极其精美，两边的白石栏杆，共有128根望柱，每根望柱上都雕刻有大小不同、形态各异的石狮544只。比起北京石狮子较多的卢沟桥，还多59只。

石狮的造型也富有奇趣的特色，它们有的母子相抱，有的玩耍嬉闹，有的你追我赶，有的凝神观景，个个惟妙惟肖。

桥的两头有四只石刻异兽，样子看上去很像麒麟，形象威猛异常，极为生动，这也是这座桥上的镇桥之宝。

在桥的南端横联上刻有清代乾隆皇帝所撰写的"修蝀凌波"四个字，桥的北端的横联刻有"灵鼍偃

颐和园十七孔桥桥头端坐的异兽

月"，也为清代乾隆皇帝所撰。

桥的北端的另一副对联写着：

虹卧石梁岸引长风吹不断；

波回兰激桨影翻明月照还望。

可见"十七孔桥"的风景绮丽之美，要是能在优雅宁静之夜，摇船泛于湖上去观赏则会更加怡人。

"十七孔桥"的造型兼有北京卢沟桥、苏州宝带桥的特点。他们上面的石雕都极其精美。尤其是都具有一大特色，那就是桥上石雕都给人一种栩栩如生的错觉。

离"十七孔桥"不远处，是颐和园中最大的廓如亭，八角重檐，由内外三层24根圆柱和16根方柱支撑，独具特色。从远处望去廓如亭就像是一杆秤锤，不偏不倚地压在"十七孔桥"东端。

廓如亭旁边有一铜牛，铸于1775年，是特有景观，青铜牛身下是

行春桥 位于苏州石湖风景区上方山路，越城桥西，跨石湖北渚，系九孔石拱桥，桥始建无考，1189年重修时，诗人范成大作记。每逢农历八月十八，相传可见该桥每个桥洞中各有一个月亮映在水中，其影如串，"石湖串月"盛会已成吴地民俗。

石雕的海浪纹须弥座，表示镇水之意。铜牛与"十七孔桥"桥头的四只怪兽，交相辉映，相得益彰。

在桥上，两边的栏板洁白如云，下面的湖水映出青天，通路那边是琼楼玉宇，极目远望是渺渺群山。

造型优美的"十七孔桥"，将昆明湖的水面分出层次，千亩碧波尽收眼底的空旷观感，因此桥的点缀，将空旷的孤寂感消弭无踪，这些都是造园设计者神工巧匠的神来之笔。

"十七孔桥"的独特之美，有四时之美，有晨昏之美，但更重要的是从不同角度去领略，即站在园中各处望桥和站在桥上望园中各处。

"十七孔桥"是无独有偶的，据说它有个"姐姐"，在苏州石湖，"石湖串月"的"行春桥"，同它的造型一样，只是没有"十七孔桥"的华丽。

■ 颐和园镇水铜牛

■ 颐和园十七孔桥

如果说"十七孔桥"是"宫廷妃子"，那石湖行春桥该是江村的浣纱女了吧！

也有人说的优美的造型融合了北京卢沟桥和苏州宝带桥的特点，但与卢沟桥和宝带桥不同的是，这座石桥是17个孔洞，当时是没有的。

人们把"十七孔桥"比喻成水中神兽，横卧水中如半月状。十七孔桥以其独特之美，横卧在昆明湖的碧波之上，好似人间仙境！

阅读链接

颐和园内从陆地通向湖心岛的一座石桥，一向被称为"十七孔桥"。

然而令人惊奇的是，后来人们发现的记载颐和园建筑的资料中，文字标明的桥孔不是17孔，而是19孔。

同样令人惊奇的是，这个记载与流传的民间传说相吻合。据说，"十七孔桥"实为"十九孔桥"，一般人肉眼不易看出，只有在园内一个特定角度才可能看到隐而不露的另外两个孔。据介绍，当年慈禧游湖时，曾对这个精妙设计赞叹不已。

双龙桥的修建传说

　　据说，金碧溪这里原来只是一个渡口。行人过往都需要摆渡乘船过河。古时候，在金碧溪的渡口摆渡的人往往是有钱人家的行善之举，渡河是不收钱的，当地人们将它称为"义渡"。

■ 云南双龙桥

有一年，这个渡口设"义渡"的是一位揽载帮当水手的陈洪顺。后来他发家致富，乐善好施，将家产变卖设义渡。但是"义渡"了多年的陈洪顺，已经是年迈多病了，72岁那年去世后，原来那只破旧的渡船也被洪水冲走了。

"义渡"由于陈洪顺的去世而中断，港口很快也沦为了路断人稀的溪口。每当夏秋时山洪瀑泄，江水倒灌，无船摆渡，人们望溪兴叹。

■ 双龙桥走廊

传说，金碧溪的坡上有一家姓刘的农民，家中只有母子俩人。年方20岁的刘世海，从小丧父，与老母相依为命。

一天，刘世海的老母亲突发重病，临终前说："孩子，你要为人们多做好事，要行善积德。今后，你只要有办法，一定要在渡口修座桥来方便行人。"

有孝心的刘世海含着泪答应了老母亲。等葬送走老母亲以后，他便遵从老母亲的托付在这里修一座桥。

但是刘世海的家里一直是清贫如洗，哪来的钱修桥呢？他决定先背人过河，有了钱再修桥。

行善积德 就是通过各种对治方法将内心的污染消除，使自己内在的美好品德得以显现，内在的清净功业得以开发。比如说人的贪欲就是污染，有污染就会产生弊病造成无尽的痛苦，用布施这个对治方法去消除，这样我们清净性德才能得以显现，才能使人更加地快乐。

132

古桥天姿

千姿百态的古桥艺术

玉皇大帝 简称"玉皇"或"玉帝"，居住在玉清宫。道教认为玉皇为众神之王，在道教神阶中修为境界不是最高，但是神权最大。玉皇大帝除统领天、地、人三界神灵之外，还管理宇宙万物的兴隆衰败、吉凶祸福。在中华文化中，玉皇大帝被视为宇宙的无上真宰，地球内三界、十方、四生、六道的最高统治者。

从母亲去世后起，刘世海便在渡口的浅溪处开始背人渡河。十年如一日，他背了成千上万的过往行人过了河，包括那些年轻姑娘。

在背女子过河时，他从没动过一丝邪念，让姑娘们伏在他宽厚的背上，稳稳当当地背她们过河。不少过河的人拿出钱来给他，有时他都一文不收。

刘世海的善行，不仅在嘉陵江沿岸码头传为美谈，也感动了天上的玉皇大帝。太白金星根本不相信凡间竟会还有这样没有私欲的青年人。

玉皇大帝为了探知真相，便让太白金星化为一位美貌俊俏的女子来溪边过河。刘世海见到这等天仙般的美女，依然不为其所动，小心稳当地背她过了河。

玉皇大帝听了，十分感动，决定让刘郎修桥的愿望得到实现。

一天，刘郎一早又来河边背人过河。有位年轻姑

■ 云南双龙桥

■ 双龙桥风光

娘来到溪边，恳求说："我老母患急病，急需过河去请郎中。我母患病已将家里钱财用完，没钱酬劳，希望做做好事。"

刘世海二话没说，背起姑娘就下水，可是他越走越感身上背的人越来越重，又不好意思转脸去看。当他一脚跨上岸时，"咚"的一声，身子突然一闪跌倒在沙坝上。

刘世海定睛一看，这哪是什么姑娘，背上背的竟是闪闪发光的一背篼元宝。刘世海心中仿佛早已明白，这是神仙显灵了，送来助他修桥的资金。

刘世海当机立断，马上雇请能工巧匠进行设计和修建。经过七七四十九天，溪上一座三孔石桥便架起来了。

但天公不作美，眼看桥面要合龙了，修桥大师傅安装石桥差两节，不管用什么石料怎么也合不拢。眼看就要发大水了，急得刘郎烧香祈祷。

太白金星 又称"白帝子"，是天边启明星的神格化人物。是道教神仙中知名度最高的神之一，在百姓中的影响很大。现今人们对他的认识就是一位白发苍苍、表情慈祥的老人，他忠厚善良，主要职务是玉皇大帝的特使，负责传达各种命令，因而受到人们的喜爱。

此事传到了龙宫，惊动了龙王，于是传令小白龙、小青龙前来听令。命他们助刘郎完成修桥的义举。小白龙和小青龙降临溪的上空一看，桥身不多不少就差桥面两边一节石板。

小白龙与小青龙龙身一跃弓腰躺到桥面空挡中，只听"咔"的一声，不偏不倚，不多不少，稳稳当当补上了空隙。青、白两小龙，以身化桥，帮助刘郎修好了石拱大桥。

于是桥面上，一侧白色龙头伸出桥头，后面露出龙尾；另一侧，一青色龙头突出桥头，后面露出龙尾。一架飞跨金碧溪的三孔石拱大桥连成了。

从此，人们就把这座桥叫作"双龙桥"。由于双龙桥的孔和颐和园的桥一样有17孔，所以后人也称它为"十七孔桥"。

古桥天姿

千姿百态的古桥艺术

阅读链接

很久以前，金碧溪是一个渡口，并没有大石桥，每年至夏秋季的洪水季节，这里山洪暴发，泛滥成灾，人们希望修桥来锁住金碧溪下泻的洪水。

据老人们说，后来双龙桥建成以后，当年有人在桥头挂了一把特大的铁锁，想用铁锁来锁住泛滥的洪水。所以古双龙桥又名为"铁锁桥"。

云南建水的十七孔桥

　　云南省古镇磁器口的地形地貌是山丘和小溪相通，形成一江三山两溪，沟壑环绕，所以这里的桥非常地多。大大小小加起来足有六七座，规模较大的是要数这里的双龙桥了。

　　双龙桥坐落在横街与金碧街之间的金碧溪上，过去是沟通两岸，通向邻县和梁滩坝的交通要道。这里人来人往，热闹非凡。

■ 云南建水十七孔桥

石拱桥 用天然石料作为主要建筑材料的拱桥，这种拱桥有悠久的历史，桥梁又多有附属小品建筑，如桥头常立牌坊、华表、经幢和小石塔等，也常用于桥梁。按结构材料分类，桥梁主要有石桥和木桥两种，依跨数有单跨与多跨之别，依结构则有拱桥与梁桥。

久负盛名的双龙桥因两河犹如双龙蜿蜒盘曲而得名。所谓"双龙"，即是以塌冲河、泸江河两条河，有一桥镇锁"双龙"之意。

清代乾隆年间，泸江上的木桥常被洪水冲毁，便改建为三孔石拱桥，全长36.7米，宽4.3米。

1820年，这里暴雨成灾，山洪陡涨，西南方的塌冲河决堤改道至此并汇入泸江河，使河面增宽了近百米，原建的三孔石桥被孤零零地遗弃在新河的岸边。

清代道光年间，当地的人们便在石桥南端新建石桥14孔，与原有的三孔成雁齿连接，共为17孔，全长148米。正中一孔用巨石砌成的长、宽、高各为16米、9米、10米的台墩。因建好后的双龙桥有17个桥孔，故又名"十七孔桥"。

建水的"十七孔桥"的桥身用打凿得很平整的约500块石块镶砌而成，两侧垒条石为栏。桥面宽敞平坦，由数万块大青石铺成。

■ 云南建水十七孔桥

■ 云南建水十七孔桥

1896年，桥墩之上建一大阁楼，下留有泄水孔洞，桥的南北两端各建一阁，两端阁楼略小，居中一座大而壮观。

建水的"十七孔桥"由大小不一的三个阁组成，大阁位于桥正中，是三层檐的方形主阁，高20米，边长16米。屋顶为琉璃黄瓦，歇山顶，高接云霄，屋顶成"品"字形歇山顶，二楼因势隆起四个小歇山顶。

中间的阁现为坊式结构，三层，比旧有的增高一层，三座飞檐式阁楼交相辉映，底层原为人马通道。

"十七孔桥"的南端为双层八角攒尖顶桥亭，高约10米，玲珑秀丽，造型美观，与大阁互相辉映。

建水"十七孔桥"的桥面宽窄不同，拱跨的长短不同，桥墩分水的尖长不一。

层檐重叠，檐角交错，雄伟壮丽。底层为桥身通道，拾级登梯，可远眺成万顷田畴，群山起伏，波光粼粼等山情水韵。南端桥亭为重檐攒尖顶，檐角飞翘，玲珑秀丽。

歇山顶 即歇山式屋顶，歇山顶共有九条屋脊，即一条正脊、四条垂脊和四条戗脊，因此又称"九脊顶"。歇山顶结合了直线和斜线，在视觉效果上给人以棱角分明、结构清晰的感觉。为我国古建筑屋顶样式之一。

这种别致的设计，楼中有楼，桥楼相映，蔚为大观，为我国造桥史上极为珍贵的杰作。两端阁楼略小，居中一座大而壮观，素有"滇南大观楼"之称。

建水"十七孔桥"是云南古桥梁中规模最大、艺术价值最高的一座多孔联拱桥，它承袭了我国桥梁建筑的风格特点，融桥梁建筑科学和造型艺术为一体。

该桥是云南古桥中规模最大、艺术价值最高的一座桥梁。它承袭我国联拱桥的传统风格，融桥梁建筑科学和造型艺术为一体，凝结着滇南人民高超的技术和智慧，是我国古桥梁中的佳作，在我国桥梁史上占有重要地位。

阅读链接

关于双龙桥的说法有两种：

一种说法，云南的金碧溪是以塌冲、泸江两条河汇合在一起，这里正好建有一桥镇锁"双龙"，因此而得名"双龙桥"。

另一种说法，因为桥面两侧各有两个石雕的龙头和龙尾。龙头在溪流上方，龙尾在溪流下方，镂雕得栩栩如生。于是，双龙桥便由此得名。

安澜桥

四川省西部安澜桥最早建于宋代以前，桥全长320米，最早称绳桥或竹藤桥。至宋代，改称"评事桥"，古代又名"珠浦桥""许事桥"，明代末被损毁了。

1803年，何先德夫妇倡议修建竹索桥，以木板为桥面，旁设扶栏，两岸行人可安渡狂澜，故更名"安澜桥"，民间为纪念何氏夫妇，又称之为"夫妻桥"。

"索桥"是我国先民利用本地竹木资源，为征服高山峡谷、急流险滩所创建的悬空过渡桥梁形式之一。

安澜桥是沟通内外江两岸的交通要道，安澜桥被誉为是"我国著名的五大古桥之一"。

动人的修建传说

    1803年5月15日，在连接四川西部与阿坝之间的岷江渡口，发生了一起翻船事故，造成了100多人葬身大江之中，被鱼虾吞食。

    在此地有一个姓何的先生，是当地出了名的为民着想的人。有一

■ 都江堰安澜索桥

次他和他的夫人游山玩水，来到了岷江，看见了官船在摆渡人们。

何氏夫妇也想去对岸，过去一打听，渡到江对岸，竟然收每人10两银子，而且如果两人是夫妇的话还要加收10银子，一共30两银子。

这些强占渡口敛财的恶霸们的行为使夫妇两人感到非常懊恼，两人扫兴而归，从江口折返。

回到家里，何先生彻夜难眠，还一直在想渡口发生的事，心里很不舒服，心想如何在两岸架一座桥断了这些恶人的财路呢？

何先生越想越气，越气越想，就这样不吃不喝地连想了三天，却仍然一筹莫展。

在第三天夜里，何先生看见何夫人正在刺绣，看见了那块布，它架在框子的上面，而不会掉下来，突然灵感一闪，心想："我为什么不能在空中架一座索桥呢？"

何先生将自己的想法告诉了妻子，妻子也非常赞同，于是两人就找来乡邻一商量，没过几天就开始干

刺绣 古代称之为针绣，是用绣针引彩线，将设计的花纹在纺织品上刺绣运针，以绣迹构成花纹图案的一种工艺。古代称"黹""针黹"。因刺绣多为妇女所作，故又名"女红"。刺绣是中国古老的手工技艺之一，中国的手工刺绣工艺，已经有2000多年的历史了。

都江堰安澜桥

起来了。

他们先是编织好足够长，足够结实的绳索，然后在两岸打桩建造牢不可摧的木桩。就这样，经过一段时间的努力，何氏夫妻终于架好了一座索桥。

那些恶霸们见何先生断了自己的财路，想要伺机报复他。由于刚刚建好的桥，两旁没有扶手，再加上不稳定，很容易掉下去。

不幸的事情还是发生了，一个酒鬼喝醉酒过河不小心淹死了，渡船的恶人们抓住这个时机，将何先生告上了公堂，一口咬定说是何先生修的桥葬送了别人的性命，要求官府抓起来严办，并且拆桥。

由于当地的恶霸和官府勾结，结果便将何先生逮捕并处死了，还拆毁了大桥。

何夫人在丈夫被处死后悲痛欲绝，想投河自尽，可是想到丈夫刚不明不白地死了，她也死了，会对不起天上夫君的亡灵，所以她决心为夫君洗冤。

于是何夫人决心再建一座大桥，完成丈夫生前的未了的夙愿。她要在渡口建一座牢不可破的大桥，并要将大桥建成一座安全的桥梁，以慰丈夫的在天之灵。

终于，大桥又一次被建好了，但还是存在一个问题，人们在这样的桥上走没有东西可扶，难免走上去会胆战心惊。所以，何夫人想办法解决这个问题。

一天，她漫步大街，看到了一个玩杂耍的人，只见那人两手抓住两根立着的木棒，全身腾空。她忽然想到在桥上装扶手，人们走在桥上就安全多了。

于是，何夫人回家后，连夜赶织了两根粗大的绳索，然后找来几个当地的能工巧匠，经过半天的努力，终于将大桥架上了安全的扶手，又在桥面铺上了宽大的木板。这下人们走上去放心多了，再也不用担心会掉到河里了。

两岸的人们为了纪念何先生和她的夫人为架桥做出的牺牲，便称此桥为"何公何母"桥。

自从大桥修好以后，就再没有人见过何夫人了，一个渔夫说他在河里看见了何夫人的身影，何夫人完成夫君的心愿去陪夫君了，他们夫妇在河中共享天伦之乐，与日月同生，天地共存。

后来人们又给桥上横铺了一层木板，以竹缆为栏，行走平安，故名"安栏桥"，后改"安澜桥"，意思是不畏波澜，安然过江之意。于是安澜桥的名字就一直流传下来了。

阅读链接

"走遍天下路，难过岷江渡"，这是安澜桥在明末毁于火灾后，当地流传的民谣。传说：当地有一豪绅，看到河隔两岸，人们渡河困难，就想乘机发财。俗话说，隔山容易隔水难。

两岸的老百姓面对500多米宽、波涛汹涌的江面，只有叫苦连天。于是，这个豪绅，就打造了一艘大船来回摆渡。他让大管家带领两名凶恶的家丁在船上收钱，船价很高。谁要敢争执两句，非即打骂，甚至把人推到江里。两岸百姓敢怒不敢言。

因此，才有了"走遍天下路，难过岷江渡"这一民谣。

悠久的历史与美誉

　　在四川西部与阿坝之间的岷江之上，最早有一座绳桥或竹藤桥，这与它修建的材料有关。后来人们将它取名为"珠浦桥"。

　　珠浦桥始建于990年，大理评事梁楚主持修建，此时的大桥以竹索

■ 都江堰安澜桥

■ 都江堰安澜桥

建造人行吊桥，改称为"评事桥"。

　　明代末期，评事桥被毁坏。人们中分改桥为渡，名为"伏龙渡"。因岷江水大流急，时常发生覆溺事件，过往行人无不临江感叹，怨愤不已。后由清代书生何先德先生修建，并改名"安澜桥"。

　　后人为纪念何先德夫妇之功德，于桥侧立何公何母祠，并将此桥誉为"夫妻桥"。

　　安澜桥以木排石礅承托，用竹篾片编成5寸粗的竹缆索24根。其中10根做成桥底索，将此如碗口粗的竹缆索横飞江面，上面在横铺木板作为桥面，木板两端再压上两索，一同和底索夹牢桥面板。再以12根竹缆索分别列于桥的两旁，作为扶栏。

　　为了加强桥索坚固性，每隔3尺至6尺，用木条对称的将12根竹缆索扶栏夹紧，以铁栓固定，木条与桥面下的木梁连接而形成U形框架。底缆索捆在横梁

书生　泛指读书人。古时多指这些往往期待"十年寒窗无人问，一举成名天下知"的儒生。但由于以书为生，不善与人打交道，所以常常不得志，有些则怨天尤人，自命清高。

安澜桥全景

上，使桥成为一整体。

在桥跨中间的石礅上和两岸，用木绞车绞紧底缆索，再用大木桩绞紧扶栏的竹缆索，绞车安置石室木笼中，在木笼之上修建桥亭，上层用密排大石装砌作为压重之用，下层中空得以行人。

1887年初秋，桥被洪水冲毁，后又修复。安澜索桥越修越好，当地的民众无不称赞。

1894年，安澜桥再次被蔓延的野火焚为灰烬。县令又组织工匠重修索桥，并立"不得荒废维修"一通碑告诫后人。

安澜桥飞架岷江南北，是古代四川西部与阿坝之间的商业要道，是藏、汉、羌族人民的联系纽带。

据说在唐代以前，它就已经在都江堰的上空像唐诗的韵律一样诗意地摇荡了。杜甫就曾亲自观看过这座桥的重修，他在《陪李七司马皂江上观造竹桥》诗中写道：

> 伐竹为桥结构同，褰裳不涉往来通。
> 天寒白鹤归华表，日落苍龙见水中。
> 顾我老非题柱客，知君才是济川功。
> 合观却笑千年事，驱石何时到海东。

曾经在都江堰待过很长时间，留下过许多诗章的南宋地区著名田园诗人范成大，用很严谨的笔法在他的《吴船录》用诗描绘了当时桥的壮观美景。

杜甫 （712—770），世称"杜工部""杜老""杜陵""杜少陵"等，唐代伟大的现实主义诗人，著名的"诗圣"。他忧国忧民，人格高尚，约1400余首诗被保留了下来，诗艺精湛，在我国古典诗歌中影响非常深远，备受推崇。杜甫与李白合称"李杜"。

织篿匀铺面，排绳强架空。

染人高晒帛，猎户远张罝。

薄薄难承雨，翻翻不受风。

何时将蜀客，东下看"垂虹"？

安澜桥远看如飞虹挂空，又像渔人晒网，形式十分别致。漫步桥上，西望岷江穿山咆哮而来，东望灌渠纵横，都江堰工程的概貌及其作用，更是一目了然。

■ 安澜索桥

■ 都江堰安澜桥

这样的风貌，与范成大的描述几乎一致：

> 将至青城，再度绳桥，每桥长百二十丈，分为五架。桥之广，十二绳排连之。上布竹笆，攒立大木数十于江沙中，辇石固其根。每数十木做一架，挂桥于半空……

不同的是，范成大时代的桥面为"竹笆"而非木板。除此之外，范成大还记述了行进桥上的惊险：

> 大风过之，掀举幡然，大略如渔人晒网、染家晾彩帛之状。又须舍舆疾步，从容则震掉不可立，同行皆失色。

古桥天姿

千姿百态的古桥艺术